《中国抗日战争全景录》丛书编委会

纪念中国人民抗日战争
暨世界反法西斯战争 胜利70周年重点出版物

主编 | 张树军

中国抗日战争全景录

内蒙古卷

邢　野 | 编著

内蒙古出版集团
内蒙古人民出版社

图书在版编目（CIP）数据

中国抗日战争全景录．内蒙古卷 ／ 邢野编著．—呼和浩特：内蒙古人民出版社，2015.6
ISBN 978-7-204-13493-9

Ⅰ．①中… Ⅱ．①邢… Ⅲ．①抗日战争—史料—内蒙古
Ⅳ．① K265.06

中国版本图书馆 CIP 数据核字（2015）第 254830 号

中国抗日战争全景录·内蒙古卷

作　　者 邢 野
责任编辑 侯海燕
责任校对 李向东
责任监印 王丽燕
封面设计 肖辉 欢欢
出版发行 内蒙古人民出版社
地　　址 呼和浩特市新城区中山东路 8 号波士名人国际 B 座
印　　刷 内蒙古爱信达教育印务有限责任公司
开　　本 710mm × 1000mm　1/16
印　　张 16
字　　数 200 千
版　　次 2015 年 11 月第 1 版
印　　次 2015 年 11 月第 1 次印刷
印　　数 1 - 4000 册
标准书号 ISBN 978-7-204-13493-9/K · 684
定　　价 38.00 元

网址：http://www.nmgrmcbs.com

总 序

支绍曾

中国抗日战争是中国人民反抗日本军国主义侵略的正义战争，是世界反法西斯战争的东方主战场，也是中国近代以来抗击外敌入侵第一次取得完全胜利的民族解放战争。这场战争的伟大胜利成为改变中华民族命运的历史转折。

一

日本军国主义及其推行的大陆政策是日本侵华的罪恶根源。中日两国本是一衣带水的近邻，有着两千多年的交往历史，日本民族曾经饱受中华文化的滋润。然而，具有浓厚军事封建传统的日本，经过长期武家政权的统治，“神国观念”“大国意识”和“武士道精神”等思想意识逐渐植根于社会之中。其中一些“精英”缺失厚人善邻的理念，而充满好勇斗狠、野蛮凶残的武士习性和扩张野心，常以狭隘的“岛国心态”觊觎辽阔的东亚大陆。为争夺“生存空间”，他们磨刀霍霍，暗中窥伺，一旦有机可乘，便一次次地把魔爪伸向邻国。具有代表性的是，武士首领丰臣秀吉16世纪末统一日本后，就提出征服朝鲜、占领中国、称霸东南亚和印度的“大日本帝国”的构想，并且两次发动侵朝战争，企图假道朝鲜侵略中国，定都北京。虽然其美梦破灭了，但向大陆扩张的野心却暴露无遗，而且对日本近代军国主义的形成和发展产生了深远影响。

1868年明治维新以后，日本建立起以天皇为统治核心的近代军国主义制度，并将以侵略中国及朝鲜为主要目标的“大陆政策”确定为基本国策，迅速走上穷兵黩武、侵略扩张的近代军国主义道路。

从明治维新开始的70余年间，日本推行大陆政策，发动和参加了一系列侵华战争：1874年日本首次对外用兵就是侵犯中国领土台湾，随后强行将中国的藩属国琉球并入日本版图；1894年日本发动大规模侵华的甲午战争，迫使清朝政府签订丧权辱国的《马关条约》，强占了台湾和澎湖列岛等中国领土，攫取了巨额战争赔款和一系列在华特权；1900年日本参加八国联军侵华战争，通过《辛丑条约》获得了在中国京、津等地的驻兵权；1904年日本发动日俄战争，夺取了俄国在中国东北南部的权益；1914年第一次世界大战爆发后，日本夺取了德国在中国山东的特权；1915年日本公然提出独霸中国的“二十一条”；1927年日本内阁召开“东方会议”，炮制臭名昭著的《田中奏折》，制定了侵吞东北、独占中国、称霸亚洲乃至世界的战略构想；1931年日本军国主义悍然发动震惊中外的九一八事变，开启了长达14年之久的侵华战争。

日本发动大规模侵华战争旨在变全中国为其独占的殖民地。在 14 年侵华战争中，日本军国主义大肆践踏中国大地。在政治上，炮制伪满洲国，培植汪精卫等傀儡政权“以华制华”，对其占领区强化殖民统治；在军事上，施以法西斯暴行，制造南京大屠杀、重庆大轰炸等惨案，发动细菌战、化学战，实行“三光”政策，肆无忌惮地残杀中国同胞，造成 3500 万以上的人员伤亡；在经济上，疯狂掠夺中国的各种战略资源，实行“以战养战”，给中国造成 6000 多亿美元的经济损失；在文化上，蓄意摧残中国民族文化，大肆毁损、劫夺中国典籍文物，实施奴化教育；还强征“慰安妇”充当日军性奴隶，残酷奴役被抓捕的大量劳工，等等。历史表明，日本是近代历史上给中国造成灾难和伤害最严重的国家，日本军国主义对中国犯下的法西斯罪行罄竹难书！

二

伟大的抗日战争是一场抗击日本军国主义侵略的正义战争，是一场改变中国命运的民族解放战争。

沧海横流，方显英雄本色。面对日本的疯狂侵略，中华儿女团结御侮，展开了一场气壮山河的民族解放战争。为实现国家独立和解放，中国各民族、各阶级、各党派、各社会团体、各界爱国人士、港澳台同胞和海外侨胞，在抗日民族统一战线旗帜下同仇敌忾，共赴国难，义无反顾地投身到这场决定国家前途、民族命运的抗日战争中，以巨大的民族牺牲筑起了反侵略战争的血肉长城，在夺取抗战伟大胜利的征程中锻造了以爱国主义为核心的伟大抗战精神。

这场战争是在中国共产党倡导的以国共合作为基础的抗日民族统一战线旗帜下展开的。1931年日本发动九一八事变后，由于蒋介石国民党政府采取“攘外必先安内”的方针，致使中国东北迅速沦陷。中国共产党率先号召全国人民武装抗日，直接推动和主导了东北人民的抗日战争。在民族危亡面前，中国共产党提出建立抗日民族统一战线的正确主张，和平解决西安事变，为全国共同抗战奠定了基础。1937年7月全国抗日战争爆发后，国共合作，共赴国难，正式形成抗日民族统一战线。全国抗战初期，国民党抗战比较积极，其领导的正面战场是抗击日军战略进攻的主战场，广大官兵付出了巨大牺牲。中国共产党提出唯一正确的全面全民族的抗战路线和持久战的战略总方针，共产党领导的抗日武装挺进抗日前线，开辟了独特的敌后战场。敌后战场与正面战场相互配合，构成对日军两面夹击的战略格局，粉碎了日本速战速决、灭亡中国的图谋。1938年10月武汉失守后，全国抗日战争进入战略相持阶段。随着日本战略重点向敌后的转移和对国民党诱降方针的实施，国民党坚持了继续抗战的方针，实施了一些较大规模的战役战斗，但从总体上看，其抗战逐渐趋向消极，反共磨擦逐渐增多。中国共产党继续高举抗日民族统一战线的旗帜，坚持抗战、团结、进步的方针，维护了团结抗战的局面。中国共产党把抗日游击战争提高到战略地位，开展大规模群众性的游击战争，抗击了日军主力，发挥了重大的战略作用。广阔的敌后战场愈战愈强，逐渐上升为中国抗战的主战场。1943年夏秋开始，全国抗战进入战略反攻阶段。八路军首先在华北敌后揭开了局部反攻的序幕。1943年10月和1944年5月，中国驻印军和远征军在缅北、滇西也开始了反攻作战。1944年春，日军发动打通大陆交通线的“一号作战”。由于国民党当局继续奉行消极避战方针，致使正面战场出现了豫湘桂作战的大溃败。敌后解放区战场连续发起局部反攻作战，大量消灭日、伪军，收复了大片国土。中国驻印军和远征军在缅北、滇西的反攻作战，收复了缅北、滇西广大地区。从1945年8月9日开始，中国解放区战场对日、伪军展开大规模全面反攻，直至取得最后胜利。8月15日，日本宣布无条件投降。9月3日被定为中国人民抗日战争胜利纪念日。

抗日战争的伟大胜利，一举收复了甲午战争以来被日本侵占的全部国土，改变了中国自近代以来饱受帝国主义列强欺凌的屈辱地位，一扫近百年屡战屡败的悲观阴霾，重新找回民族的自尊自信。曾经雄踞于世界东方的古老中国，在世界反法西斯战争中重新确立了大国地位。抗日战争也改变了中国社会政治力量的对比，中国共产党发挥了全民族抗战的中流砥柱作用，取得了人民的信赖和支持，从而为建立新中国和实现中华民族的伟大复兴创造了有利条件。

三

历史把伟大的中华民族推到世界反法西斯战争的最前列。

毛泽东指出：“我们的敌人是世界性的敌人，中国的抗战是世界性的抗战。”中国的抗日战争，是世界反法西斯战争的重要组成部分和东方主战场，不仅攸关中华民族的前途命运，而且攸关人类社会的前途命运。在世界反法西斯战争中，中国抗日战争开始时间最早，持续时间最长，抗击和牵制日军最多，付出代价最大，对彻底战胜日本法西斯起到了决定性的作用。

中国首先揭开了世界反法西斯战争的序幕。日本率先发动侵略中国东北的九一八事变，打破了第一次世界大战后的世界格局，在东方形成第一个战争策源地。中国人民打响了世界反法西斯战争的第一枪。

中国开辟了世界反法西斯战争的东方主战场。日本发动卢沟桥事变，开始了以灭亡全中国为目标的全面侵华战争，中国人民展开全国性抗日战争，开辟了世界上第一个大规模反法西斯战场。中日全面战争的爆发，标志着法西斯与反法西斯的矛盾开始上升为世界主要矛盾，标志着第二次世界大战的爆发。

中国始终抗击和牵制着日本陆军主力，制约着日本的“北进”和“南进”，保障了同盟国“先欧后亚”大战略的实施。中国还派出远征军开赴缅甸，与盟军共同对日作战，并且为盟国提供了大量战略物资和军事情报，直接参与和支持了同盟国的反法西斯斗争。

中国还积极倡导和推动世界反法西斯统一战线的建立，并为创建联合国和构建战后世界和平秩序做出了历史性的贡献。太平洋战争爆发后，中国积极促成国际反法西斯统一战线的正式建立，继续发挥着东方主战场的作用。中国还参与联合国的创建，成为联合国五个常任理事国之一，为最后打败法西斯发挥了重大作用。

伟大的中国人民在抗日战争中创造的辉煌业绩和不朽精神，

将永远镌刻在近代中国和世界反侵略战争的史册上，永远放射出灿烂的光芒。

四

铭记历史，以史鉴今，是当代人的历史责任。中国抗日战争暨世界反法西斯战争已经结束70年了，但人们仍强烈地呼唤对那场战争的集体记忆和历史思考。

当今世界，在人们高唱和平发展主旋律的时候，总有那么一些不和谐的音符，不时发出鼓噪声。长期以来，日本一些右翼势力和政要顽固坚持错误的战争史观，极力否认和美化日本军国主义侵略战争的罪行，一再参拜供奉有甲级战犯的靖国神社，还不断修订历史教科书篡改侵华历史。这种泯灭人类良知的行为，理所当然地遭到中国和世界爱好和平人民的强烈反对。

那场战争并未远去。作为近代以来中国人民反对外来侵略第一次取得完全胜利的战争，历史地成为中华民族告别衰败、走向复兴的转折点。为铭记历史，踏寻先烈追求中华民族伟大复兴的足迹，在实现中国梦的征途中奋勇前行，人民出版社黄书元社长倡议并组织全国各地人民出版社共同编辑出版《中国抗日战争全景录》，以图文并茂的形式再现中国抗战波澜壮阔的历史图景，全面反映中国抗日战争的壮丽景象，隆重纪念中国抗战胜利70周年。这是非常值得称道的远见之举！

这套《中国抗日战争全景录》的系列图书，由人民出版社承担总卷，主要记录全国抗战的全貌，记录抗日民族统一战线的倡导、建立、曲折经历和中国共产党及其领导的军队在抗日战争中的中流砥柱作用；各省区市人民出版社承担的其他各卷，主要记录各省区市行政辖区内各党派、各阶层、各团体、各界人士的抗战言行及其影响，广大军民顽强抗击日本侵略的英勇事迹等。

在编写过程中，出版社和作者认真负责，不辞辛苦，克服了各种困难，查阅收集了大量的历史资料和照片图册，吸取了抗战研究的最新成果，使用了不少新发现的档案资料和文史资料，其中不乏历史价值高、表现力强的图片资料，体现了思想学术的前沿性。

本书面向普通读者，在编写过程中注重文字的生动性、可读性。采用史话叙写与图说相结合的方式，按时间顺序，以场景、事件陈述为主干。既有对大背景、大事件、大场景的高屋建瓴的叙写，又有对作为细节的典型或代表性事件、人物、言论等点睛勾勒，体现了完整性与生动性的统一、思想性与知识性的统一。

在短短几个月时间内，人民出版社精心组织，认真编辑，优选图片，创新设计，科学编排，打造成了图文并茂、印制精美、收藏价值高的精品佳作。这是为广大干部和群众进行以爱国主义为核心的抗战精神教育提供的一份好读物，也是为纪念中国抗日战争暨世界反法西斯战争胜利70周年献上的一份厚礼！

2015年5月20日

目录 CONTENTS

概　述

一、引言

“前事不忘，后事之师。”日本帝国主义发动的侵华战争，给中华各民族造成的苦难，永远地记录在中国和世界的史册上，也永远地铭刻在一代又一代中国人的记忆中。

横贯东北、华北、西北地区的内蒙古自治区，世代生息着蒙古族、汉族、满族、回族、达斡尔族、鄂温克族、鄂伦春族等民族。各族人民在漫长的历史发展过程中，用自己的辛勤劳动创造、发展本民族的历史和文化，并对丰富祖国的历史文化宝库、缔造我们伟大的祖国做出重要贡献。近100多年来，各族人民并肩战斗，为反抗帝国主义的侵略、推翻封建统治，为中华民族的解放事业英勇奋斗，建立了不可磨灭的业绩。20世纪三四十年代，在中国人民进行艰苦卓绝的伟大抗日战争中，内蒙古地区作为祖国北方的重要战场，各族人民进行了可歌可泣、惊心动魄的斗争，在中国人民抗日斗争史上，在世界人民反法西斯战争史上，都是惊天动地的。

在内蒙古民族抗日斗争中，东部区的抗日斗争与东北战场有着密切联系，抗日力量主要有东北抗日联军、抗日义勇军等。在内蒙古中部地区，主要有中国共产党领导的大青山抗日游击队。在内蒙古西部地区，有以国民党军队傅作义指挥的部队等抗日队伍。在内蒙古各地区，还有以蒙古族上层王公与宗教界人士组成的抗日队伍、以民众自发组成的抗日队伍等。在内蒙古的辽阔土地上,无论是巍巍兴安岭,还是茫茫大草原;无论是雄浑大漠,还是城镇乡村,在民族危亡的时刻,东北抗日联军、大青山抗日游击队、国民党傅作义部、上层王公和各族各界民众结成抗日民族统一战线,他们同仇敌忾,前仆后继,浴血奋战,共同抗击日本侵略者,演绎了一幕幕感天动地、气壮山河的英雄史诗。

二、“九一八事变”后日本侵占内蒙古东部地区

内蒙古东部地区,包括当时的哲里木盟、卓索图盟、昭乌达盟、呼伦贝尔部和西布特哈地区,大致为今内蒙古东部呼伦贝尔市、兴安盟、通辽市、赤峰市以及黑龙江省西南部、吉林省西部、辽宁省西部、河北省西北部。19 世纪末至 20 世纪初,日本开始对内蒙古东部地区进行渗透。日俄战争后,日本在内蒙古的权益逐步扩大,它积极策划和支持“满蒙独立”运动,并一步步对内蒙古东部地区进行经济渗透。1931 年,发生在内蒙古东部兴安盟索伦地区的“中村事件”,成为“九一八事变”的导火索。“九一八事变”后,日军对内蒙古东部地区迅速进行军事占领,1932 年侵占呼伦贝尔、兴安、哲里木盟大部地区;1933 年 3 月侵占昭乌达盟地区;接着将东部蒙古地区并入伪满洲国版图,设立专管蒙古人事务的机构,逐步建立起一整套殖民统治体系。在伪满洲国政府内,设置伪兴安局(后改称兴安总署),废除盟(部)一级建制,改伪兴安东分省、南分省、北分省、西分省,隶属于伪兴安局;1934 年改为东、西、南、北 4 个省。1943 年建立伪兴安总省后,撤销东、西、南 3 省,改称地区;此外,还有伪热河省、伪北满特别区。在各伪省、旗及内设机构均设有日本人专任的参事官,掌握实权,成为省、旗的实际统治者。1933 年 3 月,又成立伪兴安西警备军。4 个

兴安警备军统称为兴安军，属于伪满洲国正规军，总兵力达 1 万人。

为加强殖民统治，日本侵略军在伪满洲国建立警察机构。1932 年 12 月，在海拉尔、扎兰屯、郑家屯设立伪兴安警察局。1933 年 8 月，在开鲁设立伪兴安警察局。1943 年开始，在离国境线较近的重要旗县成立警察警备队。日本关东军在博克图、海拉尔等地设立宪兵队、情报部和保安局等组织，对人民进行屠杀与镇压。通过调整地方行政建制及废除“旗县并存”制，实行以“特权奉上”的形式，延续近 300 年的蒙古王公制度在内蒙古东部地区被彻底废除。

日本侵占内蒙古东部地区后，以极其凶残的手段，对各族人民进行野蛮残酷的屠杀和肆意残害。在内蒙古东部地区部署大量兵力，其中包括陆军第 23 师团、关东军第 6 军、日军第 8 国境守备队与关东军第 119 师团、关东军独立混成第 80 旅等，对各族人民实行法西斯白色恐怖，包括镇压反满抗日、清乡与维持治安、实行保甲制度与“集家并村”、实行高压统治、进行毒气细菌试验和施放、开设特别法庭审判无辜人民、施行“国民勤劳奉公”制、残酷剥削中国工人、奴役和虐杀劳工、强制征兵、设立矫正院等各种残忍手段，无所不用其极。

日本侵占内蒙古东部地区后，实行统一管制的经济“统制”，建立兴农合作社，实行“配给”制，实行一系列经济掠夺和资源掠夺政策，疯狂侵占和掠夺各种经济资源。通过实行“蒙地奉上”，攫取大量土地的所有权和地租收入。通过“出荷”粮谷产品、“出荷”牛羊掠夺无数农牧产品及森林矿产资源。特别是通过垄断铁路交通经营、操纵金融大权、控制通讯和海关、实行名目繁多的税赋，夺取经济命脉。实行“鸦片买卖”，强迫农民种植鸦片，造成鸦片毒害泛滥。划定移民开拓地带，建立移民开拓团，进行移民侵略。此外，设立思想文化统治中心，摧残中国民族文化，实行法西斯文化专制。通过改革喇嘛教和建立“协和会”、成立“蒙民厚生会”与“蒙民裕生会”、创办各类奴化教育学校，实行奴化教育，对蒙古族传统文化造成了空前的破坏。

三、日军侵略内蒙古中西部地区

在侵占东三省和内蒙古东部地区后，日本侵略势力不断进行扩张，一步步占领内蒙古中西部地区。1933 年 4 月，占领多伦。1935 年，占领宝昌、商都等 6 县。1937 年 9 月，攻占丰镇、集宁；10 月，归绥、萨拉齐、包头沦陷；11 月，侵占准格尔旗黄河以北地区和达拉特旗部分地区。至此，内蒙古西部地区主要城镇和平绥铁路沿线相继沦陷。1940 年 2 ~ 3 月间，日军一度占领河套地区五原等地。

日军占领内蒙古中西部地区后，相继建立各种伪政权：伪察东特别自治区、伪察哈尔盟公署、伪蒙古军总司令部及蒙古军政府、伪察南自治政府、伪晋北自治政府和伪蒙古联盟自治政府、伪蒙疆联合委员会、伪蒙疆联合自治政府。各种伪政权或由日本人直接出任正副职，或设立日本参事官和顾问，掌握实际行政权力。1941 年，成立伪蒙疆政府警察队总司令部，有警察 18500 人（含日本警察）、自卫团 6230 人、灭共青年团 74000 人。这些日伪军警宪特，对各族人民实行残酷统治和镇压，绞杀抗日救国力量，制造牛王庙、油葫芦湾、田家镇、归绥、萨拉齐等多起惨案。他们屠杀无辜百姓，进行人体和细菌试验，派飞机狂轰滥炸，强征大批劳工，实行法西斯白色恐怖。

日伪政权在内蒙古西部地区大力推行“统制”政策，由日本人控制的特殊、准特殊和普通会社进行经济掠夺。设立各种金融统制机构，发行和通用伪满货币、伪钞，统制税收，严格控制铁路和交通。详细调查矿产资源，统制煤铁盐等矿产资源，统制畜产品，统制贸易、物资和物价，统制商业。建立鸦片统制体系，两次重组“土业组合”，对鸦片实行“统制”。建立从上到下的殖民教育体系，创办各类学校及教育培训机构，将对各族人民的奴化教育贯穿始终。设立众多殖民统治喉舌，控制、利用和改革宗教，并野蛮地摧毁文化古迹，罪行累累，罄竹难书。

四、东北抗日义勇军

面对日本侵略者的野蛮入侵和残酷统治，内蒙古地区各族人民组成中国共产党倡导的抗日民族统一战线，不畏强暴，坚持斗争，用热血和生命，谱写了一曲抗日战争的壮丽颂歌。

在内蒙古东部地区抗日武装中有高文彬领导的辽北蒙边民众义勇军，关玉衡的辽北蒙边义勇军右路军，苏炳文的东北民众救国军，李海青的东北民众抗日自卫军,周荣久的反满抗日救国军等。“九一八事变”后,东北和内蒙古东部地区“绿林好汉”奋起抗击日本侵略者，组成许多义勇军队伍，其声势之大，人数之多，历史空前。他们同日伪军进行殊死战斗，作战勇猛，是东北民众抗日力量的重要武装。

高文彬领导的辽北蒙边民众义勇军，先在通辽以北阻击日伪军向通辽的进攻达4昼夜，迫使日伪军退回舍伯吐。1932年5月，辽北蒙边宣抚专员行署辖区划为辽宁义勇军第5军区(后改为第5军团)，8月，编成骑兵分队，从开鲁出发，长驱300里，沿途击溃多股日军后,兵不血刃收复康平。8月底至10月初,义勇军先后3次进攻通辽，之后转战辽源、康平、开鲁。11月27日，与日军血战5昼夜的高文彬部被日军的飞机、坦克、装甲车围困于康平，伤亡惨重。在向开鲁方向突围途中，高文彬在康平杜家窝堡被俘。之后，李海山、刘振玉率部继续坚持斗争。1933年2月，第4次攻打通辽。5月，李海山部编入察哈尔民众抗日同盟军骑兵挺进军孙良诚部；7月，参加收复多伦之战。抗日义勇军的将士们迎着枪林弹雨冲锋陷阵，用鲜血和生命为抗日战争的胜利做出了巨大牺牲，他们是一座座不朽的丰碑，将永远铭记在人民心中。

五、中国共产党八路军领导的抗日战争

中共中央和满洲省委一直关注和领导东北地区的抗日斗争。1932年1月至1933年9月，中共领导的反日游击队，以崭新的思想风貌和战斗风格活跃在抗日战场上。1933年9月至1936年2月，反日游击队相继改编成东北人民革命军、东北抗日同盟军和东北反日联合军，共6个军。第1军独立师于1933年9月18日成立，从1934年1月开始，即联合几支抗日义勇军、山林队共同作战。1936年2月，东北人民革命军各部开始着手组建东北抗日联军。1937年12月，东北抗日联军组建完毕，共11个军，人数最多时达3万多人。在长达14年之久极其艰难困苦的岁月里，同日本侵略者进行艰苦卓绝、不屈不挠的浴血奋战，大小战斗数千次，歼灭大量日伪正规军，牵制近40万日伪正规军，有力地支援了全国抗日战争。特别是从1939年底至1942年，中共领导的东北抗日联军三进呼伦贝尔广大地区，同呼伦贝尔各族人民一起开展游击战争，给日军以沉重打击。

1940年8月，中共冀东地委和八路军冀东军分区派出工作组，深入承（德）平（泉）宁（城）地区。10月，在宁城县霍力川一带组建一支游击队，开展游击活动。1942年5月，在承平宁地区建立4个区级抗日政权。11月，发动热南战役，连续攻克宁城八里罕伪警察署和洼子店、黄土梁子、六沟、七沟等11个伪警察分驻所，袭击上谷、永合两个火车站。八路军第11、12团在承德县三沟、宁城县黑里河等地与日伪军多次作战，重创敌人。1945年5月，成立宁（城）

赤（峰）联合县，热河南部抗日游击根据地逐步扩大，成为进军和解放东北的前沿阵地。

1937年“七七事变”后的第3天，中共中央发出《关于蒙古工作的指示信》，号召绥蒙当局与蒙汉人民动员起来抵抗日军进攻，提出“以蒙古民族、不分盟旗、不分上下、团结一致、抗日援绥、保卫绥远、保卫蒙古、驱逐日寇出绥蒙”作为动员蒙古民族抗日的口号，采取发动下层与联络上层相结合的方针，组成广泛的抗日民族统一战线。

抗日战争爆发后，中国共产党在归绥等地组织起一批抗日武装，开展游击战争。其中较著名的有蒙汉抗日游击队和蒙古抗日游击队。由中共党员杨植霖等组建的蒙汉抗日游击队，是大青山地区由共产党员创建的最早的一支蒙汉联合抗日武装。在旗下营附近伏击日军火车，在归武公路伏击日伪军汽车，夜袭归绥城北坝口子村伪警察所，并严惩阻扰游击队征集物资的伪地主保甲团。到1938年8月，发展到230余人，与八路军大青山支队会师后，改编为绥蒙游击大队，与大青山支队一起开辟大青山抗日游击根据地。1940年初，贾力更、李森等发动群众，由察素齐塔布子村十几个蒙古族青年农民为基本骨干，组建成蒙古族抗日游击队。李森调离后，高凤英领导这支队伍，担负掩护绥西地委、专署的任务，坚持抗日根据地的斗争。八路军警备骑兵团进入桃力民，建立中滩第一支抗日武装——窦支队，成立八路军骑兵第3营等。中共领导的河套地区抗日斗争，还有扒子补隆垦区的抗日武装、安北抗日救国后援会及河套地区党组织的抗日救亡活动。

六、国民党傅作义部进行的抗日战争

“七七事变”后，国民党军队在内蒙古西部地区的抗日斗争有百灵庙战役、察哈尔和绥远的抗战、反攻绥远之战、袭击包头之战、绥西之战和收复五原之战。1938年春，蒋介石为牵制华北日军南援，命傅作义指挥所属部队，并配属门炳岳骑兵第6军、原东北军何柱国骑兵第2军、马占山东北挺进军，攻击太原和归绥，以策应徐州会战。傅作义拟定袭击绥南各县、攻打归绥的作战计划，同时命马占山部由准格尔旗北渡黄河，进入大青山、武川以西进行游击，以牵制归绥日军；令门炳岳部由河套东进，进攻包头、固阳守敌，以分散敌人兵力。4月23日，傅作义部第35军211旅422团进攻伪蒙古军门树槐部，攻占清水河县城后继续前进，25日攻占大红城，26日收复和林格尔县城。主攻部队101师在211旅掩护下，通过和林继续向归绥挺进。在反攻绥远之战中,马占山部在察素齐附近破坏平绥铁路数处，并与伪蒙古军激战两天，后由白石头沟进入大青山，对武川形成进攻态势,吸引和分散归绥日军兵力。门炳岳部受命进攻包头、固阳日伪军，策应35军主力反攻绥远作战。八路军120师贺炳炎部配合傅作义部、何柱国部、门炳岳部反攻并收复偏关。反攻绥远之战历时近两个月，大小战斗十几次，毙伤日伪军3000余人，生俘日军数十人，缴获山炮数门，长短枪2000余支，战马400余匹，其他弹药物资甚多，一度收复和林格尔、清水河、托克托等县城。

日军入侵河套，占领五原等地。傅作义精心部署，发动收复五原的战役。1940年3月15日各部分别隐蔽行动,19日到达各自预定地点，20日向五原及外围据点发起总攻。同日下午，800名“掏心”突击队员突入五原城内，与敌展开激战。22日下午，攻占五原新城。29日，收复乌梁素海、西山咀等地。五原战役歼灭日伪军5000余人，其中，击毙日军总指挥官水川伊夫中将、步兵联队长大桥大佐、特务机关长桑原荒一郎中佐及其特务人员、伪蒙古军顾问中岛少佐、警务指导官内久保作、特务官员池田浜崎以及尉官以上的警务官及到五原勘矿的技术官员共300余人，日本兵1100余人；生俘日军指挥官观行宽夫、警务指导官浅沼庆太郎、西田信一和伪军师长等50余人；俘获伪蒙古军和伪军1800余人;缴获各种炮、汽车、轻重机枪、步枪、电台等。五原大捷开创抗战反攻胜利先河，牵制日军主力南下，有力地配合全国各抗日战区的其他战役。

在绥西抗日战争中，蒙古族巾帼英雄中将女司令奇俊峰、中将女司令巴云英和少将女司令额仁庆达来的抗日行动，也为中华民族抵抗日本侵略的英雄史诗增添了精彩的篇章。

七、青山英烈

1938年5月，中共中央做出在内蒙古西北地区创建大青山抗日游击根据地的决策。6月，八路军120师抽调358旅715团和师直骑兵营一个连，着手组建八路军大青山支队（李井泉任支队长兼政委）。第2战区民族革命战争战地总动员委员会（简称战动总会），组建战动总会晋察冀绥边区工作委员会，辖由太原成成中学师生组成的战动总会抗日游击第4支队（简称4支队），随八路军大青山支队挺进绥远敌占区，参加创建大青山抗日游击根据地的斗争。7月底至8月初，大青山支队、总动委会及4支队约2300余人开始向大青山进军。由于日伪军堵截围攻，主力部队经过两次北上于9月初才得以进入大青山腹地陶林县大滩一带。10月初，担任掩护任务的大青山支队1营越过平绥路与主力部队汇合，推进大青山任务胜利完成。

大青山支队挺进绥远后，在极端困难的环境中，在东起集宁灰腾梁，西到包头、固阳，北起达尔罕旗、四子王旗，南到黄河、长城的广大区域展开游击战争。

1939年夏，根据大青山地区的地理环境和对敌斗争需要，大青山支队通过缴获、购买和群众捐献等多种方式，逐步充实马匹和鞍具，改建为骑兵支队。1940年冬，骑兵支队奉命将3个营扩充为3个团。1941年12月，4支队亦改建为骑兵，编为大青山骑兵支队独立营（营长兼政委黄厚）。在环境艰苦、供给困难的条件下，骑兵支队坚持和开展大青山地区游击战争。1938年9月至1940年1月，共与日伪军交战120余次，击毙日军1000余人、伪军500余人，俘虏伪军500余人，缴获枪支500余支，击毁敌军车50余辆，并多次破坏电台、桥梁、铁路等设施。1940年，日军对大青山以及根据地发动十几次“扫荡”，据不完全统计，骑兵支队与敌进行大小战斗95次，毙、伤日伪军794人，俘虏日伪军193人，缴获许多枪支战马。

同时，大青山抗日根据地地方抗日武装不断发展壮大，各县区政权大部建立游击队，并组织群众成立游击、锄奸、侦察小组。游击队担负起锄奸、放哨、侦察、袭击日伪军，破坏敌通讯设施，掩护党政工作人员，征收抗日物资等任务。1940年夏，为加强对各地游击队的统一领导，中共绥远区委将各县游击队统编为绥察独立第2支队，绥西、绥中、绥南游击队分别编组为第1、2、3大队，协同主力作战，配合地方政权开展群众工作，保卫党政机关，成为坚持大青山游击战争的一支生力军。

八、民族团结抗战

日本帝国主义发动的侵华战争，激起了中华民族的同仇敌忾，各族各界抗日救亡运动风起云涌。在内蒙古东部地区，各族各界民众支前抗日救亡，参加和支持义勇军、抗联的抗日斗争。各族群众纷纷拿起武装抗击侵略者，例如海拉尔民众怒杀日军、科左中旗民众反满抗日等。在内蒙古西部地区，绥远敌占区的抗日救亡活动主要有《塞原》《新绥远》《西北日报》等绥远抗日救亡报刊。1937年7月底，由绥远民先队、牺盟会、妇女会、绥远学联等抗日救亡团体，联合发起组织绥远民众抗日救亡会，进行各种抗日救亡活动，在城镇、铁路沿线和日伪统治地区，积极开展地下斗争。绥蒙各界抗日救国会是共产党的外围组织，为秘密的群众抗日团体，以财神庙内的蒙疆道教会为掩护开展活动，到1940年初，会员发展到200多人。还有，九世班禅与内蒙古僧俗群众抗战，在百灵庙发出“抗日通电”，阻止德王与日本“合作”分离蒙古的阴谋；沈逸千画笔当枪宣传抗日；陈波儿、崔嵬演出《放下你的鞭子》；吕骥在归绥教唱救亡歌曲；绥远文艺界组织抗敌协会通俗读物宣传抗日等。

在对日军的统战工作中，被称为“日本八路”的“在华日人反战同盟”也在内蒙古地区建立，福冈留从战俘到战友，户光略为八路军当翻译，渡边被宽大释放，是其中成功的事例。

在抗日民族统一战线旗帜下，蒙古族上层积极参加抗日活动。例如，土默特总管荣祥取缔日特电台，筹集军需支援马占山部，退守榆林组织抗战；沙克都尔扎布（沙王）主持成吉思汗灵榇西迁和领导伊克昭盟各旗武装起义；那木济勒色楞亲王严词拒绝替日本人做事；孟克鄂齐尔等对大青山支队的支持；“二喇嘛”补英尔计支援八路军；策思德巴拉吉尔同日伪的斗争等，都让人钦佩。土默特蒙古族地方武装“老一团”及其团长李根车的剿匪与抗日；“八一一”伪兴安陆军军官学校葛根庙武装起义和其他蒙古族官兵的起义，表现出蒙古族人民对祖国的热爱，对日寇的仇恨。他们的抗日斗争业绩可歌可泣。

鄂温克族具有反帝爱国传统，他们大力支持东北抗日联军，成为东北抗联最可靠的同盟军，协助抗联同日伪军警英勇战斗，涌现出许多抗日民族英雄。鄂伦春人勇敢强悍，鄂伦春族民众为抗日大业慷慨捐躯，其中有陈号义屯薛和献身、通河县李宝太父子殒命、佳木斯元宝光荣牺牲、赵国志献身抗日事业。

达斡尔族民众踊跃抗战，其民族上层为反抗日本侵略者做出巨大牺牲。例如，郭道甫不做日本人的奴隶；凌升以生命抗击日本侵略者，成为中华民族的骄傲；达斡尔族民众支援马占山、苏炳文的抗日斗争，支援东北抗日联军的抗日斗争；郭文林领导伪兴安军官兵哗变。回族民众的抗战也是内蒙古地区各族民众抗日的组成部分。1937年10月，包头回民组成“西北回民救国会”，发表《告西北回民书》，强烈谴责日寇侵占包头、绥远。抗战时期，无论回族上层、宗教领袖、军政要员，还是普通回胞、老人、妇女、青年、学生，乃至士绅商人，都以各种方式与途径，在中共倡导的抗日民族统一战线旗帜下，积极表达他们的抗日立场，踊跃投入抗日救亡、争取民族解放的伟大洪流中。其中，粉碎日寇“蒙回互杀政策”、多伦回族群众支持抗日同盟军夺取多伦、抗议日军盗取回民坟地骨殖的斗争，是最典型的几例。

九、抗战胜利

1945年7月26日，美、英、中三国首脑联合签署《波茨坦公告》，对日本发出最后通牒，限令日本无条件投降。8月6日、9日，美国在日本广岛、长崎投下两颗原子弹。8月8日、10日，苏联和蒙古人民共和国向日本宣战。

1945年8月9日，苏蒙军队150余万人，在中国东北和朝鲜北部总长4000多公里的战线上，对日本关东军发起总攻。苏军第17、36、39、53集团军，近卫坦克第6集团军和苏蒙骑兵机械化集群，越过中苏、中蒙边境，分4路向内蒙古东部和西部地区挺进。8月9～14日，先后占领满洲里、海拉尔、牙克石、突泉、索伦、王爷庙等地。15日，日本正式宣布无条件投降后，日军仍未放下武器。15～17日，苏、蒙军先后占领林西、乌丹、通辽、赤峰、博克图、扎兰屯等城镇。10～16日，苏蒙骑兵机械化集群在普列耶夫指挥下联合作战，向多伦方向疾进，很快将这一方向的日军和伪蒙古军击溃，先后攻占多伦、康保、张北等地，19日占领承德。至22日，苏蒙联军共前进950公里，并占领长春、沈阳、大连等城市。

1945年8月9日，中共中央主席毛泽东发表题为《对日寇的最后一战》的声明，号召中国人民的一切抗日力量举行全国规模的反攻，密切配合苏联及其他盟国作战，对一切不愿投降的侵略者及其走狗实行广泛地进攻，猛烈地扩大解放区。10～11日，延安总部朱德总司令连续发布7道命令，其中4道命令涉及绥蒙地区，命令八路军向绥察热挺进并配合苏蒙联军作战，迫使敌人投降。

1945年9月2日，日本政府代表在无条件投降书上签字。日本帝国主义在内蒙古地区长达14年的殖民统治宣告彻底结束。内蒙古各族人民和全国人民一道，经过浴血奋战，终于打败日本侵略者，取得抗日民族解放战争的伟大胜利。

内蒙古民族抗日斗争，是中华民族抵抗日本帝国主义侵略战争的一部分。内蒙古民族抗日斗争的胜利，是在抗日民族统一战线指引下取得的辉煌战果。时值纪念抗日战争胜利70周年之际，编辑出版《中国抗日战争全景录（内蒙古卷）》一书，重温昔日的往事，对于全面了解内蒙古地区各族人民在国难当头、民族危亡之际，团结奋战，共御外敌的壮举，有着十分重要的意义。

我们纪念抗日战争胜利70周年，就是要继承和发扬抗战中所体现出的中华民族不畏强暴、不屈不挠的斗争精神，大力弘扬以爱国主义为核心的民族精神，激励和动员全国各族人民及海内外中华儿女，为促进祖国和平稳定发展、实现中华民族的伟大复兴做出自己应有的贡献。

第一章

内蒙古地区的沦陷

抗日战争时期，日军对内蒙古地区进行的军事、政治、经济、文化方面的侵略活动与所犯的罪行数不胜数。特别是内蒙古东部区三市一盟（今呼伦贝尔市、通辽市、赤峰市、兴安盟），同期与东三省遭受日军长达14年的侵略与摧残。

第一节　日本侵占内蒙古地区

一、日本侵占内蒙古东部地区

（一）“九一八事变”前

日本侵略中国的历史根源　1868 ~ 1873 年，日本进行明治维新，促进国力、军力迅速发展壮大。但日本资源贫瘠，日本国用于战争的重要战略资源，如钢材、石油、橡胶等都要从海外购买，无法依靠本国资源满足战争需要。夺取海外殖民地是日本成为世界一流强国的唯一途径。可是，当日本具备一定实力，能与世界列强对抗时，全世界的殖民地早已瓜分完毕。1887 年，日本政府制定“清国征讨策略”，后演化为以侵略中国为中心的“大陆政策”。其第一步是攻占台湾，第二步吞并朝鲜，第三步进军满蒙，第四步是灭亡中国，第五步是征服亚洲，从而称霸世界，实现所谓的“八纮一宇”。在其“大陆政策”指导下，日本开始蚕食中国的行动，一步步扩大其势力范围。甲午战争打败清海军，《马关条约》的签署，日本获得巨额赔款，并夺得台湾岛及附属岛屿。《辛丑条约》的签订，又从中国获得一系列特权。清光绪三十一年（1905 年）底，日本政府强迫清朝政府签订《东三省事宜正约》以及《附约》，强迫清朝政府承认俄国把辽东半岛租借权和南满铁路“让与”日本，开放凤凰城、辽阳、铁岭、长春、吉林、哈尔滨、齐齐哈尔、满洲里等 16 个城市，作为日本通商和居住的地方。光绪三十二年（1906 年）末，以经营南满铁路的名义，在大连设立“南满洲铁路股份公司”（简称“满铁”，被称为“日本在中国的东印度公司”，也称“满铁株式会社”）。光绪三十四年（1908年），日本强迫清朝政府签订《满洲新协约》，东北三省的铁路大部分归属日本，又以保护南满铁路和日本侨民为借口，在中国东北长期驻守两个师团（1919年将其正式命名为“关东军”）。

日本在攫取东北三省铁路的基础上，对东北进行政治、经济、文化的全面侵略，逐步控制东北南部的交通、水运、电气、矿山等重要工业部门，又以“附属地”名义，在铁路沿线霸占大片土地，行使行政、司法、征税、警察权。关东军更成为日本推行“大陆政策”的急先锋。

日本特务潜入内蒙古地区进行军事侦察 1931初，日本帝国参谋本部派遣情报科陆军大尉中村震太郎（简称中村）到中国东北，调查“满蒙军用地理”，为侵略中国和“将来一旦对苏联有事时的军事铁路”修筑做准备，并勾结蒙古王公进行颠覆破坏活动。5月中旬，中村完成中东铁路西部线军事侦察任务后，又潜入兴安屯垦区的洮（南）索（伦）等地。6月25日，中村等4人行至科尔沁右翼后旗（今科尔沁右翼前旗即乌兰浩特市）境内察尔森四方台子（宝河屯）时，被该地驻军兴安屯垦军第3团1营3连连长宁文龙扣留。经搜查，中村等人携带7张图纸，日文和中文1∶10万军用地图各1张（经现地印证后，用铅笔作过校对），晒蓝纸俄文地图1张，透明作业纸1张，洮索铁路图、附立体桥渠涵洞断面图和自测自绘草图各1张。还有笔记本两个：一本记载昭和6年（1931）1月，日本帝国参谋本部派遣他赴满洲兴安区一带活动及在东京驿送行情况；一本记载他经过洮南府、哈尔滨、齐齐哈尔、海拉尔、免渡河等地的情况。还有报告书2份、表册3份，分别载有兴安屯垦军的兵力、枪炮种类、官兵数量、将校姓名、驻扎地点、营房景况、车辆马匹、粮食辎重；蒙旗（县）人口、物产、畜群、森林矿藏、蒙汉军民情况；调查地方风土自然情况，如土壤、水源、气候、雨量、风向等。随行携带物资有马匹、枪支、测量仪器和生活用品等。所缴获物件充分证明，中村等人确系日本间谍（见图 1–1）。

图 1–1 日本军事间谍中村震太郎（左）和井杉延太郎（右）

1931 年 6 月 26 日凌晨，东北兴安区屯垦公署军务处处长兼第三团团长关玉衡在证据确凿的情况下，将中村等 4 名日本间谍处死。同年 8 月 17 日，日本陆军总部发表《关于中村大尉一行遇难声明》。“声明”中隐去中村等 4 人的间谍罪行，捏造为“帝国陆军大尉中村震太郎在满洲被张学良部队切断四肢，悲惨遇害”。9 月 13 日，张学良命东北宪兵司令陈兴亚率宪兵一团官兵 20 余人前往兴安区调查“中村事件”。日本方面提出 4 项条件：1. 赔礼道歉，必须由兴安区首长执行。2. 处罚责任者。按中国法律自行处罚。 3. 赔偿一切损失。4. 除行李、马匹作价赔偿外，须按日本陆军抚恤条例，中村大尉按阵亡抚恤之。

在此之前，1931 年 5 月上旬，关东军长勇大尉在呼伦贝尔和外蒙古边界地区实地调查军用地志。同月，日本特务机关“善临协会”

在多伦县、苏尼特右旗建立。1932 年，日军陆地测量部绘制《海拉尔地图》。同年，日军关东军测量队在内蒙古东部地区进行大地测量，并采用航测、实测、复制等手法绘制地形图。

（二）“九一八事变”后

日本对内蒙古东部地区的政策 1931 年 9 月 18 日，日本关东军突然向沈阳中国驻军东北军发动武装进攻，史称“九一八事变”。关东军在迅即出兵占领东北三省各战略要冲的同时，制定出在东北和内蒙古东部地区建立“满蒙独立国家”计划，并指使一批汉奸进行“独立”“建国”等活动。

1931 年 9 月 22 日，关东军制定《满蒙问题解决方案》，决定“建立由我国（日本）支持，领土包括东北四省及蒙古，以宣统皇帝为元首的中国政权”。其中的“蒙古”，即指原包括在东北四省的内蒙古东部哲里木盟、昭乌达盟、卓索图盟及呼伦贝尔等地区。

1931 年 10 月，石原莞尔拟定《解决满蒙问题之根本方策》中提出：“建设一个以东北四省和内蒙古为领土的独立的满蒙新国家，它与中国本土断绝关系，表面上由中国人统一管理，其实权掌握在我方手中。”关东军国际法顾问松木侠起草《满蒙共和国统制大纲草案》，提出“明确划分满洲与蒙古的行政区域”。同年 11 月，根据上述草案，正式制定《满蒙自由国建设方案大纲》，认为“将满蒙作为我（指日本）领土之一部，实属上策”，提出“满蒙独立国由下述六省区组成：奉天省、吉林省、黑龙江省、热河省、东省特别区、蒙古自治领”，“上述各省区基本可采取同样统制形式，惟有蒙古，鉴于蒙古民族之特性，并无理由立即改变其原有的行政组织，另作考虑，有必要建立特殊的行政组织”。

1932 年 3 月 1 日，在关东军直接操纵下，伪满洲国政府在长春（后改称新京）成立。日本扶持清废帝溥仪为伪满洲国“执政”。同年 3

月9日，伪满洲国设立兴安局。该局分管为蒙古人所划定的特殊行政区域兴安省。兴安局内设总务处、政务处、劝业处。6月27日，伪满洲国政府确定原哲里木盟10旗及伊克明安旗、东布特哈8旗、齐齐哈尔8旗、墨尔根8旗为兴安局管辖的“另定地域”。同时，在兴安局内成立旧蒙务整理委员会，成为兴安局总长监督各旗政务的咨询机构。日本在内蒙古东部地区完全建立起其殖民统制体系。

日军侵占内蒙古东部地区 “九一八事变”后，日军在4个月零18天内，侵占中国东北三省，128万平方公里、3000万父老沦为亡国奴。以王爷庙为中心的东蒙古（包括今内蒙古东部的呼伦贝尔、兴安、哲里木3个盟市和区外的郭尔罗斯前旗、郭尔罗斯后旗、杜尔伯特旗、伊克明安旗等地）地区主要城镇沦为侵华日军殖民地。

1931年10月初，哲里木盟地区洮辽镇守使张海鹏在洮南宣布“独立”，投靠日本。其后，关东军很快占领四平—洮南铁路沿线。10月中旬，日军以支持“蒙古独立”为由，利用“蒙古自治军”势力，在郑（家屯）—通（辽）线大林站一带向通辽疯狂进攻。11月1日，日军4列铁甲车占领通辽北站，炮轰通辽县城。同月2日，占领通辽南站。7日，占领整个通辽。与此同时，关东军进驻大兴安岭林区，占领今兴安盟地区，先后在王爷庙置伪兴安省和伪兴安总省，将王爷庙变成奴役整个东蒙古地区的殖民统制中心。1932年12月，呼伦贝尔并满洲里等地区（含今兴安盟）沦陷（见图1–2）。

1933年2月25日，日军大举进犯热河省各县。26日，日本关东军茂木骑兵旅团1000余人，从奈曼入侵敖汉下洼、万发永，相继占领玛尼吐、哈沙吐地区，然后从小河沿向西进逼赤峰。3月1日，日军“宣抚官”斋藤率领警备军侵占林东，巴林左翼旗沦陷。同月2日，坂本部第6师团茂木骑兵第4旅团第26联队先头部队从敖汉旗下洼，侵入赤峰东部地区，与国民军孙殿英部展开激战。孙部不支，退出赤

图 1—2 1932 年，日军侵占满洲里。

峰，西撤围场，赤峰沦陷。4 日，日军占领热河省会所在地承德，并向长城各口推进，先后占领冷口、滦平、围场。5 日，日军骑兵旅团茂木部从林西分兵占领巴林右翼旗、克什克腾旗。同日，宁城沦陷。8 日，日军第 6 师骑兵团第 10 联队占领喀喇沁右翼旗。26 日，攻占乌丹。至此，热河属境的内蒙古昭乌达盟、卓索图盟地区全部沦陷。

1933 年 4 月 29 日，察哈尔省多伦县沦陷。

二、日本侵占内蒙古中西部地区

（一）关东军加紧“内蒙古工作”

内蒙古中部以阴山山脉为中心的广大地区，称为绥察（即绥远、察哈尔）。绥远由清代置绥远城将军而得名；察哈尔为蒙古部落名称，清置察哈尔八旗。中华民国政府于 1914 年设绥远、察哈尔、热河 3 个特别行政区；国民政府于 1928 年 9 月改设绥远、察哈尔、热河 3 个行省。

1933年7月16日，关东军参谋部在策划阴谋侵略内蒙古中部地区时提出“主要以和平的文化工作为主，特别是以经济联系来引导其自发地亲日满……促进成立具有排华色彩的自治政府”。为此，日本一方面加紧军事侵略步伐，一方面在蒙古王公上层中进行政治宣传和诱降活动。9月，关东军将李守信部改编为伪察东警备军，所属两个支队改称为师，并将多伦县改称为察东特别自治区，任命李守信为行政长官，军事和行政均受关东军多伦特务机关长指挥。多伦遂成为关东军“内蒙古工作”的据点。

日军侵占多伦后，日本特务机关随即建立据点，并向锡林郭勒盟和察哈尔地区各旗派遣特务，拉拢蒙古王公，欺骗蒙古族人民群众。在施行“内蒙古工作”时，除将李守信作为重点对象外，还将锡林郭勒盟盟长索特那木拉布坦（索王）也作为重点对象。1933年10月，又策划召开蒙古王公会议，表示支持德穆楚克栋鲁普（德王）发起的内蒙古“高度自治”运动（见图1–3）。接着，又在嘉卜寺（化德）、百灵庙相继设立特务机关，拉拢正在搞百灵庙“高度自治”运动的蒙古王公，之后又在归绥、包头设立特务机关，其活动逐步发展到阿拉善旗和额济纳旗。

1934年1月，关东军参谋部制定《对察措施》，提出“内蒙古工作”的当前目标为将察东（察哈尔左翼4旗及4牧群，即明安、商都、左翼、右翼牧群等）和锡林郭勒盟作为在经济上与伪满洲国关系密切的行政区域，决定将工作重点放在经济和文化方面，“让该地区蒙民不知不觉中附满亲日”，并考虑将范围向西扩大。同时，日本财团法人善邻协会在锡、察地区设立多伦支部、阿巴嘎班、西苏尼特班，开设诊疗所、兽医部、小学等，并逐步将其“事业”范围扩展到绥远省境内，以办理卫生、文化事业为掩护，进行搜集情报、拉拢蒙古王公等阴谋活动。

图 1–3 德穆楚克栋鲁普（德王）与日本特务勾结

1934 年 4 月，国民政府批准德王在百灵庙成立蒙古地方自治政务委员会（简称“蒙政会”）后，引起关东军重视。同月，伪满洲国组织 12 人的调查团，内有日本军事专家 2 人、地理学家 2 人、随员 2 人，在昭乌达、乌兰察布、伊克昭盟及察哈尔部进行军事与政治调查。同年 5 月，关东军在贝子庙成立阿巴嘎特务机关，随即该特务机关长盛岛角房等访问德王，传达关东军方面可无偿提供武器的意向。之后，他们向关东军提出今后“内蒙古工作”应以德王为主要对象。10 月，土肥原贤二到西苏尼特旗访问德王，德王要求给予军事装备支持。

同年 10 月，伪满洲国公布《地方行政改革制度》，兴安各分省改为兴安东、西、南、北 4 个省。兴安东省下辖布特哈旗、阿荣旗、喜扎嘎尔旗、莫力达瓦旗、巴彦旗，省公署驻扎兰屯。兴安南省先后下辖科尔沁左翼前、后、中 3 个旗，科尔沁右翼前、后、中 3 个旗，扎赉特旗，库伦旗和通辽县，省公署初设在郑家屯，后移驻王爷庙（今乌兰浩特市）。兴安北省下辖新巴尔虎左翼旗、新巴尔虎右翼旗、索伦旗、额尔古纳左翼旗、额尔古纳右翼旗、陈巴尔虎旗以及海拉尔市、满洲里市，省公署驻海拉尔。兴安西省下辖扎鲁特左旗、扎鲁特右旗、阿鲁科尔沁旗、巴林左旗、巴林右旗、克什克腾旗、奈曼旗、翁牛特旗、开鲁县、林西县，省公署驻开鲁。

1935 年 1 月，关东军开会讨论有关“华北分离工作”和“内蒙古工作”，提出对内蒙古中部要进一步充实以扶持发展文化经济为主的措施。同时以培养其首脑实力为直接目的，除在通辽蒙古军官学校培养察哈尔人才、执行盐业政策外，“还要给予首脑人物以物资援助，促进对蒙贸易……相应地利用喇嘛教”。同时决定从伪满“国境”驱逐察哈尔省宋哲元军队，确保察东特别自治区等。同年 5 月，关东军参谋部第二课长石本寅三等向德王提出关东军方面将协助其建立“蒙古国”的意向，并在西苏尼特旗设立特务机关。6 月，察哈尔省代主席秦德纯与日本华北驻屯军代表土肥原贤二达成《秦土协定》，规定中国政府“必须承认日满的对蒙工作，援助特务机关的活动，并且停止移民，停止对蒙古人的压迫”。7 月，关东军赠送德王一架 6 人座飞机，并派两名日本军人充当专机驾驶员和助手。9 月，板垣征四郎等在西乌珠穆沁旗王府会见索王和德王，商谈日本军进驻锡盟和进犯绥远省的计划。德王提出“把东西蒙（古）合并起来，早日建立‘蒙古国’，完成蒙古独立建国的大业”的要求。日方以内蒙古东部地区是“满洲国”领土为由予以拒绝。同月，关东军制定《对内蒙措施要纲》，提出关东军“先在内蒙古扩大和强化亲日满区域，随着华北工作的开展，使内蒙古能摆脱中央而自立，采取措施的重点放在多伦和西苏尼特方面”。12 月，德王应邀到伪满洲国新京访问，与日方商谈。板垣决定，日本帮助中部蒙旗先搞一个“独立局面”，继而建立“蒙古国”，并送给 50 万元和 5000 支枪。

1936年初，关东军制定的《昭和十一年度关东军谋略计划》中提出：1．让德王、李守信、卓总管实行一体化，成立独立政府，使其与满洲国密切协作，确保（满洲国）西境之安全。但让蒙政会仍旧存在，与中国政府保持不即不离的状态。2．随着工作的进展，实现军备的充实和经济的自立。3．把合并到绥远省的察哈尔西四旗归属于新政府。为此使用武力或采取谋略，将根据情况而定。有关“西蒙工作”：1．以百灵庙（特务）机关为基地，推进绥远、鄂尔多斯蒙古工作。2．在宁夏省阿拉善、额济纳设立新的（特务）机关，作为新疆工作、外蒙工作的据点。3．对绥远省主席傅作义，使其与关东军缔结防共协定并予以协作，如能与中央、山西脱离，则作为独立政权给予支援，使其与内蒙政府协作。同年初，横田碌郎等到阿拉善旗定远营设立特务机关。4月，山本光次为班长的一行人从定远营乘骆驼到额济纳旗所在地东庙设立特务机关。

1936年2月12日，伪蒙古军总司令部成立典礼在苏尼特右旗德王王府大蒙古包举行。参加大会的日本人有宍浦、前川、西尾寿造等人。日本关东军西尾寿造参谋长致祝词。伪蒙古军总司令部由德王任总司令，李守信任副总司令，由日本人组成顾问部，负责指导军事、政治工作。顾问部主任顾问村谷彦治郎，军事顾问山内，财政顾问稻茨，文教顾问崛井德五郎。还决定将蒙旗保安队调到嘉卜寺（今化德县），并入伪蒙古军建制。德王在王府成立伪蒙古军总司令部，公开投降日军，并准备把“蒙政会”保安队作为其组建伪“蒙古军”的基础。广大蒙古族群众和爱国上层人士，特别是蒙古族青年知识分子，对德王等的卖国行径强烈不满。在这紧急关头，共产党人乌兰夫（云泽）、云继先、朱实夫决定举行军事暴动，并分别与云蔚、纪贞甫等蒙政会、保安队进步官兵开展武装暴动的准备工作。

（二）日伪军攻占察哈尔地区

日本侵占内蒙古东部地区后，随着伪满洲国建立，关东军司令部1932年5月《对满蒙方策案（第四次方案）》中提出，对于“察哈尔，通过对其讴歌（满洲国）新政权，使其逐步与我接近”。同年12月，关东军决定实施“为在热河及内蒙古建成军事缓冲地带，要与蒙古民族相提携”的方针，将锡林郭勒盟和察哈尔纳入伪满洲国的计划由此改变。

1933年2月，日军侵占热河，紧接着向察哈尔进军。同年3月，驻守开鲁的原东北军骑兵第17旅李守信部投降日军，被改编为兴安游击师，成为一支由关东军指挥的、非满洲国系统的部队。4月9日，日军和李守信兴安游击师占领察哈尔重镇多伦，接着相继攻占察北6县沽源、宝昌、康保、化德、商都、张北。关东军确定，在指导李守信伪军“按照既定方针在察哈尔东境一带扶植亲日满势力，建成对抗敌对势力的缓冲地带的同时，逐渐使其向乌珠穆沁方面扩张势力”。

1935年3月31日，日本驻阿巴嘎旗特务机关长大月桂、大井久等一行4人，搭乘载重汽车潜入察省偷绘地图。6月5日下午4时左右，他们从多伦到张家口，路经张北北门时，被国民党守城哨兵拦车检查。由于日本特务无理抗拒，被带到师部扣留8小时，审查后于6日午前放行。日本驻张家口领事馆获讯后，强调这是对日本人的侮辱，提出十分强硬的交涉。史称第二次“张北事件”。后经中日双方谈判，结果在缔结的《秦土协定》中规定：宋哲元的正规军从张北、宝昌、康保、化德、商都、沽源等察北六县撤出，由当地保安队维持地方秩序。宋哲元被迫下台，所部第29军由察北地区撤入长城之南。

（三）日军向绥远和阿拉善、额济纳等地渗透与侵略

1935年6月《秦土协定》签订不久，关东军在绥远省首府归绥市设立特务机关（名为“羽山公馆”），在包头开始修筑飞机库。另在

“蒙政会”所在地百灵庙设立特务机关。同年7月中旬，板垣征四郎等召开进攻绥远的军事会议，关东军以察哈尔为基地，做好进攻绥远的准备。8月4日，日军指使汉奸王道一带领“防共自治军”1000余人，向绥东窜扰，在红格尔图一战被傅作义部击退。11月中旬，日军再派德王、李守信、王英等，带领蒙汉伪军1万余人，发动全面侵绥战争。德王派伪蒙古军一部进占百灵庙，王英率其“大汉义军”五六千人进攻绥东。11月19日，傅作义部和蒙旗地方武装击退进攻红格尔图的王英伪军。月底，傅作义部收复百灵庙，日伪军败退察哈尔。

1936年初，关东军提出“以百灵庙机关为基地，推进绥远、鄂尔多斯蒙古工作”；“在宁夏省阿拉善、额济纳设立新的机关，作为新疆工作、外蒙工作的据点”。同年5月，又制定《对蒙（西北）措施要领》，提出将关东军的势力扩大到绥远省以及外蒙古、青海、新疆、西藏等地的庞大计划。这一时期，关东军除在锡、察盟成立蒙古军政府，出动汉奸部队和蒙古军进攻绥远省外，还向阿拉善旗、额济纳旗等地扩张势力。1936年，关东军军人和满洲航空公司人员多次到阿、额两旗所在地修建简易机场，开通德化（即化德县，隶今乌兰察布市。德王统制化德时期，将化德改为德化）、百灵庙、定远营、东庙间不定期航班，并用骆驼运送大量汽油储备。7月23日，日本特务横田碌带领3名日本浪人，到达定远营，自行架设无线电台，经旗王府多次劝阻均无效。8月24日，关东军参谋长板垣征四郎乘飞机到阿拉善旗和额济纳旗视察，分别会见达理扎雅和图布新巴雅尔（额济纳旗札萨克），就设立特务机关和欧亚直通航线中继站问题等达成谅解。10月，日本飞机又多次飞往阿拉善旗进行侦察，并不断在定远营降落，装卸军用物资。同时又有日本人马善三郎、佐藤龙雄等到阿拉善旗“游历”。

同年秋，百灵庙日本特务机关长派机关员内田勇四郎前往伊克昭盟，访问该盟盟长沙克都尔扎布和副盟长阿拉坦鄂齐尔，向他们宣称“日本进入大陆，其目的不是在于侵略，而在于支援各民族独立自主，建立东亚新秩序”。游说蒙古上层“不要被汉人主持操纵的省和中央政府迷失方向，应当高举民族大团结的大旗，为民族自主独立进行运动，日本将从中给予协助”。绥远日本特务机关长羽山要求在包头机场建飞机库。傅作义以国家主权不容破坏严加拒绝。而羽山竟将大批建筑飞机库的材料运抵包头，声言要强行施工。绥远省政府下令绥西保安队 2000 人开进包头机场。后达成协议，由绥远省政府拨 2 万元给“羽山公馆”，建成包头西场飞机库，日本可以租用。

1937 年 4 月，国民政府军事委员会派驻额济纳旗军事专员王德淦报告，阿拉善东庙有日本特务江崎寿夫、大西俊三、松本平八郎等 10 名，另有察哈尔的汉奸 40 多人；有手枪 1 支、无线电台 2 部。江崎寿夫等特务的主要任务：1. 组织阿拉善旗、额济纳旗、青海的蒙古人进行共和建国。2. 在青山头附近修建大型水库发电。3. 以东庙机场为轴心，以榆林、延安、宁夏、兰州、西宁、哈密为半径，轰炸这一区域的城市和农村。7 月 7 日，奉国民政府命令，宁夏省民政厅长李瀚园率部在额济纳旗破获日军特务机关，逮捕日军特务江崎寿夫、大西俊仁、松本平八郎等 13 人以及 50 余名察哈尔籍蒙奸。7 月 8 日，搜查日本特务机关及仓库，缴获手枪、手提机关枪子弹、战刀若干，无线电台 2 部，卡车 3 辆，军马及骆驼数匹，军用地图及部分文件；逮捕飞行场场长、无线电台台长、报务员、测量人员、地质调查人员、医生等。7 月中旬，在古日乃地区堵截日军特务机关给养队，活捉日军特务横田等 3 人以及数名汉奸和 100 余峰骆驼。

1937 年冬，“包头日本陆军特务机关”成立，有日本特务百人，雇佣华人情报人员数百人，秘密据点、外围组织 20 多处。各类特务以包头为中心，活动于中苏、中蒙边境和伊克昭盟、河套地区以及陕、甘、宁、青等地，从事情报收集工作。

（四）察北地区主要城镇和平绥铁路沿线沦陷

1935年，日伪相继侵占察北沽源、张北、宝昌、崇礼、尚义等地后，察哈尔省明安旗总管、察哈尔蒙旗保安长官卓特巴扎普调动各旗保安队，在日本顾问的指导下，占领正蓝旗、镶白旗、正白旗、镶黄旗、明安旗、太仆寺左翼旗、太仆寺右翼旗、商都县等地。至此锡林郭勒盟10旗和察北各县沦陷。

1937年8月11～29日，关东军协同中国驻屯军完全占领张家口以东平绥铁路东段。9月5日开始，日军察哈尔派遣兵团继续沿平绥铁路西进，同月13日，占领山西大同；16日，日军占领丰镇县隆盛庄；23日，日军和蒙古军攻占绥东战略要地集宁，接着占领商都、化德、兴和、陶林、百灵庙等地。10月初，日军占领凉城（田家镇）。同月14～17日，日军相继侵占归绥（见图1–4、图1–5）、萨拉齐、包头（见图1–6）等重镇。伪蒙古军相继进驻包头、托克托县、固阳县和乌拉特前旗西山咀以东地区。同年11月，又侵占准格尔旗、达

图1–4 1938年，日本侵略军占领后的归绥市

图 1–5　1938 年，日本侵略军占领后的归绥市

图 1–6　日军占领时的包头市南门

拉特旗黄河以北地区。至此，除伊克昭盟大部、河套地区及阿拉善、额济纳旗外，内蒙古中部地区主要城镇和主要交通线——平绥铁路相继沦陷。

（五）日军侵占河套地区

1940 年 1 月，日军以“膺惩傅（作义）军”为口号，进攻河套。1 月 30 日，集结在包头的日军分 3 路向河套推进。2 月 3 日上午，日军骑兵集团和第 26 师团分别从南、北方面进入五原城内，并立即派出 26 师团主力向临河、陕坝一带追击傅作义军，派出骑兵主力向沙河渠以东地区扫荡。4 日下午，26 师团搜索队占领临河，5 日晚占领陕坝。伪蒙古军也于 5 日从中公旗越过狼山进入百川堡西北，截击往西撤退的傅作义军。日军基本占领杨家河干渠以东的河套大部分地区。日军的驻蒙军占领河套地区后，以其参谋长田中新一为主谋，制定长期占领五原的计划。特务机关在五原设立，桑原荒一郎被任命为机关长，配置伪蒙古军、绥西联军、警察队，分驻于五原及其附近地区，总兵力达 1 万余人。伪蒙古联合自治政府派治安部次长水川依夫（也作水川伊夫）作为五原警察队指挥官，并调日籍技术人员多名，准备对狼山进行矿产调查。新任中国派遣军总参谋长板垣征四郎、华北方面军总司令多田骏及其参谋长笠原幸一等分别到厚和豪特(简称厚和，即呼和浩特)、包头、五原进行视察和部署。日军这次占领河套地区，只有短短一个多月时间。到 3 月 29 日，日军在傅作义军的强大反攻下节节败退，从五原经万和长撤回安北、包头等地，河套地区被傅作义军收复。

（六）大佘太之战

日军沿平绥路向西侵犯，固阳县落入敌手以后，战火迅速蔓延到大佘太城。固阳县失守时，杨德三笼络旧保安队兰瑞、薛义、周志聪等所带的团伙，同时收罗一些游兵散勇共四五百人，投靠日军，被改编为保安团（老乡称“杨团”）。1937 年农历九月十五日，“杨团”全部人马由后口子经明安（菅家窑）等地，突然占领大佘太城。当地武俊峰等人马，也投归杨德三麾下。日本人加封杨德三为少将保安司令。

1937 年农历腊月二十九日，绥西部队在门炳岳师长的主持下，由门部骑 7 师、石玉山的骑 4 师和乔占海（代理）游击师各抽调部分人马，互相配合，以出其不意、攻其不备的战术，收复大佘太城，歼灭伪军。日军为报“杨团”覆灭之仇，1938 年农历三月二十五日晨，出动汽车、飞机、装甲车，由固阳县沿小佘太川向西推进，摆成钳形阵，包围大佘太城。当时城内外驻防的部队，计有武俊峰的第 1、5 团 200 多人，安华庭旅的第 10 团约 600 人，门炳岳师 1 个参谋带 2 个连约 300 人，共计 1100 人。绥远部队在仓皇中迎战，为保存实力，不得不向石纳干、阿力奔等方向突围。

第二节 扶植伪政权 强化军警宪特机关

一、建立伪政权

（一）伪兴安分省及兴安四省、热河省的建立

1931 年“九一八事变”后，关东军炮制的《满蒙问题解决方案》，成为日本拼凑傀儡政权的第一个方案。同年 11 月 17 日，关东军正式制定《满蒙自由国建设方案大纲》，提出满蒙独立国“由奉天省、吉林省、黑龙江省、热河省、东省特别区和蒙古自治领六省区组成”，“将以上六省区组成联省自治形式中央政府，然后逐渐扩大中央政府权限，尤其要统一军权、司法权和税收权，缩小各省区的权力”，“满蒙自由国的国防由帝国负责”，“帝国在国防上的干预（包括经济范围）则绝对必要，例如铁路、航空等必须完全在帝国的控制之下”。1932 年 3 月 1 日，正式建立伪满洲国，提出设置满蒙中央政府机构时间、首都、参议府、管辖区域、日军兵力部署、在满蒙的日本官署等具体方案，其中管辖区域为“奉天省、吉林省、黑龙江省、热河省、内蒙古省”。

1932 年 6 月 27 日，伪满洲国在呼伦贝尔地区设立兴安北分省（见图 1–7），归兴安局管辖。其后，日军日益扩大侵略范围，今内蒙古东部区（卓索图盟、哲里木盟、昭乌达盟等）全部被日军占领，分设兴安北省、兴安南省、兴安东省、兴安西省。内蒙古东部地区沦陷时期，省和旗都设有日本人专任的参事官（又称参与官，后改为次长）。凡政治、军事、经济、文化、教育等各个环节，均由日本人控制。

图 1—7 伪兴安北省公署旧址

（二）伪察哈尔盟公署的成立

1935 年 12 月，日伪占领察北各县后，德王以 1934 年 2 月国民政府颁布的《蒙古自治八项原则》中有关察哈尔部改盟的决定为依据，筹备以“蒙政会”名义将察哈尔部改为盟，同时，由关东军方面派出 20 多名日本顾问，进驻张北及其他各县，接收县政权，并开展“察哈尔盟公署”成立的筹备工作。1936 年 1 月 23 日，伪察哈尔盟公署在张北县成立，卓特巴扎普任盟长，并任命日本顾问为各县县长，掌握各县实权。察哈尔盟管辖区域：汉人居住区有多伦、宝昌（宝昌与沽源合并）、崇礼、张北、商都、康保、尚义、德化（即化德）等 8 县，蒙古人居住区有明安、上都、太仆寺右翼、太仆寺左翼、镶白、正蓝、正白、镶黄等 8 旗。人口：汉族 40 万～ 50 万，蒙古族 3 万。

（三）伪蒙古军总司令部及蒙古军政府的建立

伪察哈尔盟公署成立后，为尽快建立统一指挥各旗县的机构以便扩充军队，并加强与关东军联络，德王于 1936 年 2 月 10 日在西苏尼特旗德王府成立“蒙古军总司令部”，下设政务部、军务部、秘书处以及由20多名日本人组成的顾问部。日本顾问负责对蒙古军总司令部的内部指导,受西苏尼特特务机关长的指挥。政务部下设内务处、财政处、文教处,分管民政、礼俗、宗教、文化、教育、财政、交通、事业等。德王任总司令兼政务部长;李守信任副总司令兼军务部长。

1936年3月,在西乌珠穆沁旗索王府召开内蒙古中部各盟旗长官会议(即第一次蒙古大会),与会代表一致通过关于建立"蒙古国"和先在嘉卜寺成立"蒙古军政府"的议案。大会推选乌兰察布盟盟长云端旺楚克(云王未出席)为伪蒙古军政府主席,锡林郭勒盟盟长索特那木啦布坦、伊克昭盟盟长沙克都尔扎布(沙王未出席)为副主席。德王被任命为总裁,掌握军政大权。同年5月12日,在化德正式成立"蒙古军政府",下设办公厅、参议部、参谋部和军事、财政、内务、交通、实业、教育、司法、外交8个署;另设日本顾问部,各署均派日本顾问,负责内部指导。关东军化德特务机关长田中玖指挥军政府中的日本顾问负责对蒙古军政府的指导。用成吉思汗纪元(是年为成纪731年)。在关东军指使下,伪蒙古军政府同伪满洲国政府签订以"共同防共,军事同盟,互派代表,经济提携"为内容的《满蒙协定》。

(四)伪蒙古联盟自治政府的建立

1937年,日本关东军攻占察哈尔、晋北及绥远等地的同时,在其占领区内着手组建傀儡政权。9月4日,在张家口成立"察南自治政府",日军金井章二任最高顾问。同时成立张家口特务机关。伪察南自治政府下辖张家口市及察南宣化、怀来等10个县。10月25日,关东军参谋部制定《蒙古联盟自治政府大纲》,提出建立"蒙古联盟自治政府",将绥远和包头作为特别市,行政上与盟相同。后经协商,将新政权名称确定为"蒙古联盟自治政府",意即联合各盟实行自治。

日伪军占领归绥后,10月27~28日,第二次蒙古大会在归绥召开,讨论通过《蒙古联盟自治政府组织大纲》《蒙古联盟自治政府暂行组织法》《第二次蒙古大会宣言》,“蒙古联盟自治政府”宣告成立，选举云王（未到会）为政府主席、德王为副主席兼政务院长（翌年云王病逝，继任主席）。《自治政府组织大纲》规定：“以蒙古固有领土为领域，暂以乌兰察布盟、锡林郭勒盟、察哈尔盟、巴彦塔拉盟（由土默特旗、察哈尔右翼4旗及与此5旗并存的5个县合并新设，所辖区域为：土默特、正红、正黄、镶红、镶蓝5旗，归绥（后改为巴彦县）、萨拉齐、清水河、托克托、陶林、丰镇、集宁、凉城、和林格尔、兴和、固阳等15个县市）、伊克昭盟及厚和（全称厚和豪特，即呼和浩特。辖有第一、二、三、四区，归化城和绥远城为第一区所辖城区。总面积达26647平方公里，264525人）市、包头市（由包头县改设）为统治区域。”并规定以防共民族协和为基本方针，以生、聚、教、兴、养、卫六事为施政纲领。

伪蒙古联盟自治政府设政务院、蒙古军司令部、参议会。政务院掌管一切行政事务，下设总务部、财政部、保安部；另设政务最高顾问、军事最高顾问，均由日军担任。关东军还向“蒙古联盟自治政府”各部、蒙古军总司令部、各盟公署派出顾问，统一受绥远特务机关（12月1日改称厚和特务机关）长指挥。

伪蒙古联盟自治政府成立后，非常重视选派留学生的工作。1938年3月相继制定公布《招考留日官费生简章》《选派官员赴日留学办法》《选派留日官费生规程》及《留日官费生遵守规则》等,规定“政府为谋沟通日蒙文化，领略真正东洋精神，达成共存共荣互助互惠之目的，特选派留日官员及留日官费生，以期学有所报，回蒙报效”。

（五）伪蒙疆联合委员会的建立

1937年10月1日，关东军司令部制定《蒙疆方面政治工作指导要纲》，决定在张家口设立统辖察南、晋北、蒙古3个自治政府的蒙疆联合委员会，并确定其组织机构及其掌管的具体事项。同年11月

22 日，蒙疆联合委员会在张家口成立。协定中规定，各政权将原有的一部分权力移交蒙疆联合委员会，由该委员会“处理有关产业、金融、交通及其他重大事项”。根据协定，由日军金井章二担任最高顾问兼总务委员会委员长，成为该委员会权力中心和 3 个自治政府的实际领导者。蒙疆联合委员会的成立，标志日本在内蒙古中部地区殖民统治的确立。

1938 年 8 月，蒙疆联合委员会将原设总务、产业、金融、交通 4 个委员会改组扩大为总务部、产业部、财政部、交通部、民生部、保安部。总务委员会名称继续保留并代表蒙疆联合委员会。

（六）伪蒙疆联合自治政府的建立

1939 年 3 月，兴亚院蒙疆联络部在张家口成立，成为日本政府派驻蒙疆地区最高行政指导机关。该联络部在大同、厚和、包头分设联络事务所。同年 7 月 28 日，兴亚院制定《蒙疆统一政权纲要》，提出“合并蒙疆联合委员会和 3 个自治政府，建立政权，称之为蒙古联合自治政府”（见图 1–8）。8 月 29 日，第四次蒙古大会在厚和豪特市召开，讨论将“蒙疆联合委员会”改称“蒙古联合自治政府”的决议。9 月 1 日，蒙古联合自治政府（后改称蒙疆联合自治政府）在张家口成立，确定张家口为首都，采用成吉思汗纪元年号，使用新的黄、蓝、白、赤、白、蓝、黄 4 色 7 条旗为政府旗（黄、蓝、白、赤 4 色依次代表汉族、蒙古族、回族和日本，象征以日本为中心），同时确定管辖区域为察南政厅、晋北政厅和锡林郭勒盟、察哈尔盟、乌兰察布盟、巴彦塔拉盟（厚和市、包头市降为普通市）、伊克昭盟。同时召开旗县长会议。

伪蒙疆联合自治政府由日本人担任最高顾问。在主席、最高顾问下设立主管政务的政务院、咨询建议的参议府和蒙古军总司令部、最高法院、检察院诸机构。政务院下设总务部、民政部、治安部、司

图 1—8　伪蒙疆联合自治政府所在地

法部、财政部、产业部、交通部和牧业、电报、地政、审计四局及兴蒙委员会。总务部部长和其他各部局次长均由日本人担任。政府所有重大事项由日系部长、次长研究决定后提交政务院会议通过。地方各政厅公署设日系次长，各盟公署设日系参与官，成为参与政治、经济、文化等事业管理工作的正式官吏和职员。

“蒙古自治政府”由德王任主席，于品卿、夏恭任副主席，李守信任蒙古军总司令。1941 年 8 月，改组易名为“蒙古自治邦政府”。1943 年 1 月，“蒙古自治邦政府”进行地方行政制度改革，将察南政厅改为宣化省，晋北政厅改为大同省。秋天时，再次改革，经济部扩充为经济部、产业部、财政部。1945 年 4 月，政务院下设军事部，李守信兼任部长，统一指挥军事、警察事务。

二、建立与强化伪军警宪特机构

（一）伪兴安军的组建及其他日伪武装

日本占领内蒙古东部地区期间，成立管辖“满洲国”蒙古族居住地域（各伪兴安省、热河省等）的伪满洲国部队。如1931年10月，日本组建主要由蒙古人组成的骑兵部队，成立伪满洲国骑兵部队“兴安军”。伪兴安军主要由强征的蒙古人组成（也有以教官身份配属的日本人）。伪兴安军共辖12个骑兵团、1个炮兵团、1个迫击炮团、2个独立山炮连和1个汽车队，规定伪兴安军讲话、行文全部使用日本语言文字。

1933年3月，日军占领热河省后，又以投日的东北军第17旅李守信部蒙古族官兵为主，成立“兴安西警备军”，各基层部队均设有日本顾问，由日本军官担任中上层指挥官。1939年3月，从伪兴安东、西、南警备军各抽调1个骑兵团主力，组编成野战性质的“兴安师”，由日军野村登亀江中将任师长，辖第2、4、5、12团，每团4个骑兵连、1个重机枪连，另配属山炮团、迫击炮团，以及汽车队、通信队等。

（二）日伪宪兵队情报部和保安局的建立

关东军司令官指挥下的关东军宪兵队，是日伪军、警、宪镇压机关的主脑。日伪军警联合进行的屠杀与镇压中国人民的暴行，无不有关东军宪兵队参加，而且都处于核心和指挥地位。1932年，关东军在博克图配属宪兵，称为宪兵分队。1934年5月成立宪兵分驻所，1936年改为分（遣）队，1939年变为派遣队，归扎兰屯宪兵分队领导。1945年7月，编成关东特别警备队。宪兵队的任务是维护第二防线军事工程的修建，并侦察苏联情报人员与破坏人员的活动，镇压人民的反抗。

1933年4月，关东军在满洲里建立宪兵队，开始称为宪兵分遣队，隶属于齐齐哈尔宪兵队。1935 年在扎赉诺尔设立分遣队。满洲里宪兵队设有警务、庶务、特高班，主要任务是对苏联领事馆、苏侨、出入境的外国人进行侦察跟踪、通信检查、秘密摄影以及对中国反满抗日志士、中共和苏联地下工作人员进行侦察以及对非法越境人员实行逮捕刑讯等。

1940 年，日军在伪满洲国兴安南省宪兵队通辽分遣队的基础上，成立伪满洲国第 9 宪兵团，其特高课是第 9 宪兵团内从事特务活动的专门机构。活动范围东自昌图、八面城、郑家屯一带，北至白城子、王爷庙、阿尔山左右，西到开鲁、天山、林东、林西、经棚，南至彰武、昌平、法库一线。

（三）伪警察机构的组建

1932 年 6 月 25 日，日军派宇野音治警正(后晋升为热河警务厅长)为首的 120 名武装警察进驻满洲里市，成立满洲里国境警察队，地址设在满洲里市道北街 76 号，直属于伪满洲国警务司统辖，负责小原山、加那山、回头山、达木山等处边卡的警戒，搞所谓的“国境防守”。与此同时，在满洲里还设有北满特区警务处第 5 区警察总署，其主要任务是维护城市治安。此外，日本驻满洲里领事馆还设有警察署，以维护日本人的利益。同年 12 月，伪满洲国开始在海拉尔、扎兰屯、郑家屯设立兴安警察局，警察局局长接受各分省省长指挥和监督，掌管管区内的警察、消防以及分省省长特别指定的卫生事务。1934 年，王爷庙警察署成立，地点在西科尔沁前旗王爷庙。署长以下约有人员 50 名，内有日军警佐指导官 3 人，辖西科中旗、西科前旗、西科后旗、扎赉特旗。同年 10 月 1 日，伪北满特别警务处公布所属各警察署名单，有扎兰屯、博克图、海拉尔、满洲里等。

1935 年 9 月，撤销与各伪兴安省公署并存的“兴安警察局”，在伪兴安南省、北省、西省公署设立警务厅，均由日本人担任厅长。伪兴安东省由民政厅兼管警务。伪兴安4省各旗县均配有日本警务指导官，指挥各旗县的警察机构及警察队。

1936年4月1日，朱敏痴由张北调任商都县公署县长。为强化治安、奴役人民，将公安局改为第一警察署（驻商都县城），将原二、三分局改为二、三区警察署（分驻屯垦队、十八顷）。第一警察署有署长（警佐）、巡官、警长、警士约50人，后增至200多人。下设东、西、南、北门和中央街五个派出所。

1938年，随着《劳动统制法》的制定实施，相应地成立劳动警察。1939年6月，伪兴安北省（海拉尔警察厅管区除外）将与国境线接壤的各旗县市警察改为国境旗警察队；1940年1月，海拉尔、伪兴安东省喜扎嘎尔警察机构也改组为“国境”警察队，实现行政与警察一致体制。1941年，治安部警务司在重要城市、重工业地区以及抗日联军活动的所谓“治安不良”地区设置装备精良和机动性强的警察警备部队。1943年，在离国境较近的旗县成立常备警察警备队，林区一些旗县设立森林警察队，铁路沿线设有铁路警护总队（后改为铁路警护军）。同年，伪满洲国废除治安部，分别成立军事部和警务总局。全“满洲国”所有警察事务直接归警务总局长官（日本人）指挥。

三、日伪军警宪特机构的强化

（一）组建驻蒙军

1937年8月，关东军组建察哈尔派遣兵团司令部，后又称蒙疆兵团，由关东军参谋长东条英机担任指挥官。8月17日，在多伦设立指挥所。9月30日，日本统帅部决定成立第26师团，察哈尔派遣兵团同时撤销，司令部人员撤回新京。12月27日，日军大本营下令编成驻蒙兵团，直属大本营。第26师团编入驻蒙兵团。1938年1月

8日，成立直属日本天皇的蒙疆兵团司令部。4月底进驻张家口的独立混成第2旅团，也编入驻蒙兵团。7月，驻蒙兵团改称为驻蒙军，隶属日军华北方面军。

驻蒙军由第26师团、独立混成第2旅团和12月增调来的骑兵集团（1942年12月改为坦克第3师团）主力组成，约3万人。驻蒙军司令官先后有莲沼蕃、杉山元、冈部直三郎、七田一郎、上月良夫、根本博等。驻蒙军司令部和独立混成第2旅团常驻张家口1600余人，其余大部分在张家口周边地区。第26师团沿平—绥铁路据守大同、集宁、归绥等地及其附近城镇和火车站，骑兵集团据守包头、固阳、萨拉齐、安北等地。

日军在各城镇及火车站的驻军调动频繁，番号变化多，但在重点城镇经常保持一定数量的兵力。其中，第26师团常驻大同步骑炮工兵约2000人；驻归绥步兵1000余人、炮兵150余人；包头为日军骑兵集团司令部驻地，有步兵1500余人、骑兵400余人、炮兵380人、工兵150人、宪兵100余人。在包头修建飞机场，驻有陆军航空兵团第1飞行团飞行第12战队；在萨拉齐驻骑兵第1旅团司令部及骑兵400余人；固阳县驻骑兵第13联队；安北驻骑兵第14联队。此外，日军驻集宁300余人、丰镇300余人、双龙镇100余人、武川300余人、和林格尔100余人、托克托50余人、清水河300余人，形成以归绥、包头、集宁为中心的统制大青山地区的军事核心，也是统制整个“蒙疆”地区的军事中心地带。

（二）日本特务及特务机关

日本特务及特务机关遍布各地。在伪蒙古联合委员会、伪蒙古联合自治政府和伪蒙古军及各伪军内，均设有日军担任的最高顾问。在政府各部署处、军队各师团、各盟旗县市，均设有日本人担任的参事官、指导官、次长等。他们不仅掌管实权，而且从事一系列特务活动。

据 1941 年《蒙疆年鉴》记载，类似官僚有 566 人。伪蒙疆学院院长、副院长，蒙疆银行副总裁，归绥分行、包头分行经理，蒙疆公司专务董事，大蒙公司负责人，蒙疆不动产与兴业、石油、畜产、电气等股份有限公司的理事长、董事长，蒙疆运输公司董事长，蒙疆新闻社理事长，蒙疆日报理事长，均由日本人担任。另外，兴亚院蒙疆联络部、张家口特务机关、厚和特务机关、包头特务机关（见图 1–9、图 1–10）、大同特务机关、察北特务机关、嘉卜寺特务机关、百灵庙特务机关以及西苏尼特旗、乌珠穆沁、多伦等特务机关，是日本侵略包括内蒙古中部在内的伪蒙疆地区权力最大、活动很广的特务系统，是日本实行

图 1–9 日本设在包头的特务机关——包头出张所

图 1–10　日本设在包头的特务机关——武田公馆

殖民统治的耳目和制定侵略决策的侦探。

（三）伪警备军的组建

兴安南警备军　1932 年 4 月，伪满洲国政府以内蒙古自治军为基础在钱家店建立兴安南警备军。任命扎赉特旗旗长巴特玛拉布坦为少将司令、甘珠尔扎布为参谋长、金川耕作为顾问。兴安南警备军下辖两个骑兵团，一个独立骑兵大队和由青年学生组成的少年队。司令部设在钱家店，两个团驻扎在通辽及其附近地区，独立骑兵大队（后改为骑兵第 6 团）驻扎在王爷庙，少年队在钱家店。同年底，分别成立兴安东警备军和兴安北警备军。1933 年 3 月，成立兴安西警备军。四个兴安警备军(统称为兴安军)属于伪满洲国正规军,受军政部(1937 年改为治安部）指挥，总兵力达 1 万人。

察东警备军　1933 年 3 月，日军占领承德不久，原东北军崔兴武骑兵第 17 旅团长李守信被任命为旅长。4 月下旬，田中任命李守信为兴安游击师司令，部队进行 20 多天休整，从 2000 人增加到 8000 人，编成两个汉人支队（6300 人）、一个蒙古人支队（1700 人）。7 月，兴安游击师改称为伪察东警备军，李守信被晋升为伪满洲国中将，命令汉人支队侵入多伦。伪察东警备军的军费由多伦地方税收补充，1935 年 7 月后，由伪满洲国军政部负担。伪察东警备军的编制由两个师（支队改称）、炮兵队、通信队、宪兵队组成，李守信任司令官，陈宝泉任参谋长，刘继广、尹宝山分别为第 1、2 师师长。1935 年 12 月底，伪察东警备军沿宝昌、沽源一线向西北挺进，进驻宝昌、沽源、张北、商都、康保、化德 6 县，并接收崇礼、尚义。

（四）伪蒙古军的组建

1936 年 5 月，伪蒙古军政府成立后，组建伪蒙古军。伪蒙古军的兵源，除李守信统领的部队（伪察东警备军）及伪满东 3 盟各旗招来的新兵外，又从锡、察两盟各旗征集一批新兵，合编为两个军，共 8 个师、1 个警卫师、1 个炮兵团和 1 个宪兵队。李守信担任第 1 军军长，统率第 1、2、3、4 师和直属炮兵队。第 1 师驻防包头，第 2 师驻防厚和，第 3 师驻防集宁，第 4 师驻防黄河南岸达拉特旗大树湾。德王兼任第 2 军军长，统率第 5、6、7、8 师和警卫师、炮兵团、宪兵队。第 5 师驻防四子王旗，第 6 师驻防张北县，第 7 师驻防正黄旗，第 8 师驻防武川县中部乌兰不浪一带。该军各师多为蒙古官兵，每个师号称 1200 人，实则不过八九百人，两个军总兵力号称 11000 余人，实数不过五六千人，全部为骑兵（见图 1−11）。军费、武器多由关东军供给，预定军费每月 3000 万日元，战时补助讨伐费 30 万日元。从军部至连队，多配有日本顾问、指导官、教官，进行监督和指挥。伪蒙古军编成后，为培训中下级军官，在西苏尼特旗德王府东营盘成立“蒙古军官学校”（德王兼任校长），从各部队和各盟旗中选拔蒙古青年进行军事训练。

图 1—11　伪蒙古军骑兵

伪蒙古军总司令部最初设在包头，1937 年底迁至厚和市。1939 年 9 月，伪蒙疆政权成立后，伪蒙古军仍下辖 9 个师，各师分驻伪蒙疆辖境要地。同年，警卫师编制撤销。1940 年，李守信旧部第 1、2、3 师整编为地方警察性质的靖安警备队由 3 个集团 12 个大队组成，划归伪蒙古联合自治政府治安部指挥；其余 6 个师整编为 4 个师。后经 1943、1944 年两次整编，伪蒙古军总司令部下属第 7、9 两个正规师和由盟旗保安队整编而成 5 个防卫师。

1945 年 4 月，为适应战争需要，扩编伪蒙古军，将原第 1、2、3 师改编的靖安警备队 3 个集团及察南警备队改编为第 4、5、11、18 师。这 4 个正规骑兵师，分别驻防包头、厚和、宣化、集宁等地，同时将西苏尼特旗保安队、蒙古军第 2 游击队、准格尔保安队分别扩编为伪蒙古军骑兵第 1、2、3 旅。伪蒙古军扩大后，下辖 6 个骑兵师、3 个骑兵旅和 5 个防卫师。

伪蒙古军的指挥权实际操纵在日军手中。日军不仅在伪蒙古军中设最高顾问，在各军、师也设有顾问 1 ～ 3 人，团以下设教官，由他们指挥一切。

（五）“大汉义军”等各路伪军的组建

1936年，关东军启用绥西大地主王英（其父为后套大地商王同春），招募土匪以及原东北军散兵游勇，组成“西北蒙汉防共自治军”(也作“绥西自治联军”，后称为“大汉义军”)。王英曾在绥远都统马福祥部下任都统署参议及骑兵营营长。1925年，任冯玉祥部五原、临河骑兵团团长。1926年，转投奉系，任万福麟部东北军第31军军长。后又转投阎锡山，任山西骑兵第4师师长。1930年，中原大战爆发，投靠蒋介石，任骑兵第3师师长。“九一八事变”后，被蒋介石任命为察北义勇军司令。1933年夏，冯玉祥在张家口组织察哈尔民众抗日同盟军，王英任游击第一路司令（察北游击司令）。同盟军解体后，王英到兰州，被任命为甘肃省政府参议。1935年，王英投降日本。1936年，天津日本驻屯军司令梅津美治郎指示，将王英等编为“大汉义军”,共5个旅,任命王英为大汉义军司令。1936年11月，王英率大汉义军和德王、李守信率领的伪蒙古军联合进攻绥远，被傅作义部击败。1937年，王英任伪绥西自治委员会委员长，1939年11月,任伪绥西自治联军总司令。绥西自治联军辖3个骑兵师,2800人，各种枪械2000余支，迫击炮6门，轻重机枪30余挺，驻包头以西。

日伪统治期间，内蒙古中部地区还有以白凤翔为司令的东亚同盟军，号称5个师，实际仅2000余人，驻守固阳县；塞外防共自治军（为巴彦塔拉盟警察队）两个师，含防共1师郝庚伍部400余人，防共2师韩五部200余人。此外，还有鄂尔多斯蒙古挺进队、察哈尔保安队、蒙政会保安队、保甲团等军事组织。日军还以一些地方武装和土匪为基础，在各县以及重要据点普遍建立伪自卫团和伪警察、保甲团等，兵力三五十人不等。

（六）伪警察队总司令部的组建

“九一八事变”后，日军即在东北地区建立伪警察队。1936年伪蒙古军组建时，已建立宪兵队、警察队。他们与日本关东军在内蒙古中部地区建立的军警、特务机关狼狈为奸，在整个内蒙古中部实行法西斯统治。

1938年8月，伪蒙疆联合委员会改组时成立保安部，专门负责有关治安警察、行政警察、保安队以及司法行政事务。1939年后，在保安部下设立警务处，掌管治安警察及行政警察事务，将自卫团、保安队统一改编为警察队，配置于各地，担任防卫和扩大治安区的任务。在厚和成立培养警官的中央警察学校；在各盟公署设保安厅，编练保安队。其中，察哈尔盟、巴彦塔拉盟各1000名，乌兰察布盟600名。从1940年起，原属各盟、政厅的警察队，大部分移交各县，担负地方行政警务和治安警务双重任务。

1941年3月，伪蒙疆联合自治政府警察队总司令部成立（见图1–12）。至同年9月，内蒙古中部地区共有警察官兵18500人（含日本籍警察）、自卫团6230人（只限于发放薪水者）、灭共青年团74000人。1945年，厚和市设警察局，在各县市设若干警察署，乡镇设派出所

图1–12　伪满洲国满洲里国境警察队本部

及分驻所。

（七）重兵驻守军事要塞

日军侵占内蒙古东部区后，在各重点城市以及军事要塞先后驻重兵把守。1938 年 7 月组建的关东军第 23 师团，共 16000 人，驻守在伪兴安北省，负责防守伪满洲国西北“边境”。1939 年 8 月诺门罕战争期间，关东军在海拉尔成立第 6 军，辖第 23 师团、第 8 国境守备队。诺门罕战争后，关东军加强阿尔山、五岔沟及白城至阿尔山一带军事防御力量，部署总兵力达 5 万多人。1944 年 10 月，第 23 师团调走，第 8 国境守备队与第 23 师团部分留守人员组建关东军第 119 师团，师团部驻海拉尔。1945 年 2 月，以第 23 师团部分留守人员为骨干，与驻海拉尔警察、宪兵、特务人员一起，组成第 80 旅团，旅团部驻海拉尔。守备区域为海拉尔、满洲里、额尔古纳左翼旗、额尔古纳右翼旗等地。1945 年 7 月，从华北抽调第 63 师团和第 117 师团，分别驻守白城子、通辽、开鲁等地。

在赤峰地区，“西大营”驻有以长谷川三郎为留守司令官的日军 804 部队；“东大营”先驻伪蒙古军骑兵，该部调走后由伪军冯秉部一个团镇防；林西驻有日本关东军 475 部队、伪兴安军骑兵第 7 团和“血银”部队；林东驻有伪兴安军骑兵第 6 团。此外，关东军向多伦、热河等地屯兵 5000 余人，整编伪蒙古军达 4 万余人，分驻在张家口以北地区。

（八）修筑军事工程

1934 年 5 月 12 日，按照日本关东军 589 号命令和日军大本营审定的设计图纸，各要塞全面开工。海拉尔要塞由工兵少佐岩仲为技术总负责。同月，日本关东军强制数万名中国劳工构筑地上地下相结合的军事工程。从 1934 ～ 1945 年，日军在东起吉林省珲春，中部经黑龙江省中苏边境，西至海拉尔、阿尔山 5000 公里“边境”地带，共修筑17处要塞（又称为“筑垒”），要塞群相加约1700公里，其中有8万个永备工事。有从敖包山、北山、南松山、东山等5个主阵地组成的“海拉尔筑垒地域”。此外，还修筑数以千计的永久性地下仓库、电站、通信枢纽部、给水站等附属军事设施和大量二三线一般阵地、野战阵地及军用机场、军用铁路和公路，工程浩大。其中，在内蒙古东部地区有海拉尔要塞、乌奴尔要塞、阿尔山要塞等（见图1-13、

图1-13　位于乌奴耳阵地地上射击工事火力点

图1-15　位于乌奴耳阵地地下射击工事入口

图1-14　位于牙克石大铁桥桥头碉堡

图 1-14、图 1-15、图 1-16)。至 1939 年末完工时，日军将中国劳工全部杀害，制造了骇人听闻的海拉尔北山“万人坑”法西斯罪行。

图 1-16 位于乌兰察布市丰镇县隆盛庄后的碉堡

四、挑起诺门罕战争

关东军驻海拉尔部队以及伪兴安军骑兵部队，以历史上遗留下来的“边界”问题为借口，不断在中蒙边界地带挑衅。1936 年 3 月 30 日，关东军涩谷支队 1500 人分乘汽车 50 辆、装甲车 12 辆、坦克 4 辆，入侵蒙古境内阿达格多兰地区，被苏蒙军队击溃。1938 年 7 月，关东军第 23 师团进驻海拉尔。同年 10 月，苏蒙远东军第 57 特别军驻防蒙古。

1939 年 5 月，日本关东军在伪兴安北省与蒙古人民共和国接壤地区挑起诺门罕战争（也称哈拉哈河战役)。日本关东军首先在诺门罕一带进攻蒙古人民共和国，占领其东部领土哈拉哈河地区。5月13日晚9时，关东军第23师团骑兵联队长东八百藏奉命率600多名骑兵、装甲兵到达距诺门罕80多公里的甘珠尔庙，派出侦察兵进行作战准备。5月14～15日，东八百藏联队在5架日机配合下，攻击哈拉哈河以东蒙古军742高地。蒙古军伤亡30余人，主动撤向河西。5月17日,东八百藏率部返回海拉尔。苏联政府依据《苏蒙互助协定》，立即将第11坦克旅开往哈拉哈河地区，同时命令驻乌兰乌德摩托化步兵第36师一部向哈拉哈河集结，并将第57特别军司令部从乌兰巴托迁到距哈拉哈河125公里的塔木察格布拉（克），苏联飞机也不断在战事地区集合，并在诺门罕地区飞行侦查。蒙古军骑兵第6师渡过哈拉哈河，架起浮桥。

5月28日拂晓，由县武光指挥的日军第64联队、东八百藏联队及伪满兴安军骑兵第1、2、8团各一部，从3个方向围攻蒙古军，被苏蒙联军击败。6月18日，苏军第57特别军军长朱可夫赶到塔木察格布拉（克）后，集结兵力，储运军需，在塔木察格布拉（克）、桑贝斯（今乔巴山）等地开辟野战军用机场，苏军飞机开始在空中与日机周旋。同月21日，日军第2飞行集团团长嵯峨彻二将其司令部从新京迁至海拉尔，调集4个飞行团，集中17个战斗轰炸机、侦察机中队。同月22日，苏军出动150架飞机空袭甘珠尔庙、阿木古郎将军庙一带的日军集结地和野战机场。22～24日，双方在诺门罕地区上空大战3天，近60架飞机被击落在草原上。27日晨3时，137架日机从海拉尔机场起飞，编队布满海拉尔上空。6时20分，日军机群到达塔木察格布拉格（克）机场上空，进行狂轰滥炸，击落苏机99架，击毁地面飞机25架。关东军第23师团随即发动地面攻势，投入兵力3.6万人、182辆坦克、112门各种火炮、180架飞机和400辆汽车。7月1日，小林率1.5万日军攻击哈拉哈河西岸，中午攻占河东岸谢尔陶拉盖高地。朱可夫组织 150 辆坦克、154 辆装甲车、90 门大炮和全部飞机及其他部队，分 3 路反攻。由于巴音查岗高地周围全部为开阔地，极有利于飞机和战车作战，日军全部裸露在苏军坦克和装甲车炮火覆盖下。7 月 3 日上午 7 时，第一批苏军轰炸机、歼击机对日军进行轰炸和扫射。同时，苏蒙军大炮猛击日军集群，阻止日军行进，日军无法展开火力，在沙地上挖掘个人掩体以自保。上午 9 时，苏军第 11 坦克旅 150 辆坦克向龟缩在沙丘掩体内的日军开火，关东军损兵 3000 人，折将（少将以上）40 人。

7 月 23 日，日军在诺门罕前线各部队经过半个月补充休整后，集中 8 万兵力、近 200 门各种大炮和大量对付坦克的速射炮，同时实施细菌战（见图 1–17、图 1–18、图 1–19、图 1–20）发动全线总攻击。24 日，苏军发起反攻，日军退回原地。8 月 20 日凌晨，苏蒙军发起总攻。8 时 45 分，苏蒙军分为 3 个集群，从南路、北路和中央 3 个方面向日军阵地发起猛攻。23 日，日军第 6 军组织反攻，在苏军

图 1–17　日军 731 部队在诺门罕战场上

强大攻势下全线溃败。日本参谋部紧急从本土抽调第5师团开赴满洲里，增加防卫力量。8月底关东军集结4个师团在诺门罕地区，并命第6军制定新攻击的作战计划，准备与苏军决战。

图1—18 日军731部队第二部部长、诺门罕细菌战敢死队队长碇常重（左一）

图1—19 日军731部队长石井四郎在诺门罕战场上指挥作战（右）

图1—20 诺门罕战场上的日军“石井式”滤水机在工作

9月15日，日本驻苏大使东乡与苏联外交部部长莫洛托夫签订停战协定，双方于9月16日凌晨2时停止一切实际军事行动。诺门罕之战历时135天。双方投入战场兵员20余万人，大炮500余门，飞机900架，坦克、装甲车上千辆，死亡6万余人。日本关东军损耗5.4万兵员和大量武器。伤亡最严重的23师团出动15975人，战死4976人，战伤5455人，生死不明639人，患病1340人。

五、制造法西斯白色恐怖

1932年，伪满洲国实行《治安警察法》，1941年颁布《治安维持法》，1944年实施《时局特别刑法》，规定“反对帝室罪”“军机保护法罪”“治安维持法罪”，还有“思想犯”“国事犯”“嫌疑犯”“经济犯”等名目，又有“预防拘禁”“保护监察”等规定，给以日伪军警任意捕人杀人的权力。

（一）镇压反满抗日

日伪军、警察、宪兵、特务机关经常以种种罪名进行大搜捕，广大“反满抗日”爱国志士和人民群众成为他们搜捕、迫害的重点对象。同时，他们还经常围剿、讨伐抗日武装。随便给老百姓诬定罪名。有谁一旦被他们瞄上，即被抓进牢狱，施以酷刑。如果定成“抗日嫌疑犯”，十有八九要被杀头。1932年1月，日军以“反满抗日”为名，从科尔沁左翼后旗南部地区抓捕50余名无辜群众，分别关进康平、科尔沁左翼前旗和科尔沁左翼后旗监狱。在科尔沁左翼后旗吉尔嘎朗被关押的“囚犯”，除被打、吊、压杠子或灌辣椒水外，还被分别施以烧、烤、烙等酷刑，甚至用子弹头和钢针贯入指缝中。“囚犯”中有双庙子村一位20岁的姑娘，因反抗日军的侮辱，惨遭用烧红的炉钩子烙烤阴部的兽行。

（二）清乡与维持治安

1932年9月，成立以伪满洲国国务总理为委员长、以军政部和民政部为主体的清乡委员会。各省、旗县成立相应的清乡委员会。将“治安第一主义”作为伪满洲国“国政”的重点。1933年6月后，兴安各省和热河省各旗县均成立治安维持会，接替清乡委员会。维持会以驻在日军部队参谋长任委员长，省、旗县长和警备司令为顾问，从各日伪机关中选任委员，配合军事镇压，拼凑汉奸（蒙奸）武装自卫团，调查户口，设立交通通讯网，收集情报，进行反动宣传。

日伪当局颁发《暂行惩治叛徒法》《暂行惩治盗匪法》，给日伪军警宪以“临便格杀”的权力，将所谓聚众、结伙等视为“匪贼”加以惩处。又先后发布《治安警察法》（1932年9月11日）、《暂行枪炮取缔规则》（1933年2月26日）等。依据这些“法令”，到1935年5月，日伪各级组织从民间强行收缴枪支432500件，违者甚至处以死刑。1933年4月21日，发布命令，在旗县城附近3里以内、集镇2里以内、铁路两侧1里以内、公路旁1里以内禁止种植高粱、苞米等高秆作物。

（三）实行保甲制与移民并村

1933年12月22日，伪满政府公布《暂行保甲法》。根据该法，居民以10户为一牌，村或相当于村的区域为一甲，一个警察署管辖区域内的甲为一保。保设保长、副保长，甲设甲长、副甲长，牌设牌长。如果某一牌出现一户通共、扰乱治安的“犯罪人”，全牌各户负有“连坐”责任，课以“连坐金”。保与甲还负有组织自卫团的义务，18～40岁男子，除吏员和残废者外，均负有充当团员的义务，受日伪当局驱使。1933～1935年，日军将居住在齐齐哈尔、东布特哈、墨尔根（嫩江）等地部分达斡尔族农民强行迁移到莫力达瓦旗和扎兰屯市境内的尚未开垦地区进行垦殖。3年共迁移1483户。

1934 年 12 月 3 日，伪满民政部发布《集团建设部落建设文告》，包括呼伦贝尔地区（主要是岭东）在内的全东北地区强制推行归屯并村的“集团部落”计划，进一步加强对乡村的控制。1936 年，突泉县参事官高木秀雄履行伪国务院总务长官命令，将境内零散住户集中，建立比较大的居民点，史称“移民并村”。废除保甲制，推行街村制，强行合并村屯，使多座村庄变成废墟（见图 1-21）。

1939 年 9 月初，驻卓资县红召厂汉脑包村的日军靖安警备队，把红召一带远离 15 公里外的村庄划为“无主地”，强迫“无主地”群

图 1-21 日军制造“集团部落，清乡并屯”，用铁丝网围困村民

众全部搬迁到日军容易控制的“爱路村”，同时日军出动大批人马在红召乡一带连续焚烧 24 个村庄，制造了“火烧无主地”惨案。

（四）实行高压统治

设置在各旗县和努图克（蒙语音译，意为“故乡”“营盘”“领地”）的警察，作为日本维持其殖民统治的重要工具，协助日军和宪兵、特务机关等，对各族群众实行高压统治。日伪警察，为虎作伥，对老百

姓实行严密地监视，时时处处横行霸道，欺压百姓，强奸妇女，勒索商民，赊欠豪取，有借无还，商民畏之如虎。乡村中小地主竭力巴结警察，义务给警察种鸦片，每村几乎都有属于警察个人的烟地。警察每年查两次户口，每到乡村，白吃白住，骚扰刁难百姓。警察署还将16岁以上公民登记造簿，发放“良民证”（见图1–22），稍有不慎便被传至警察署拷问讹诈。

（五）绞杀抗日爱国力量

1940年2月15日，日本驻包头特务机关、宪兵队在市内大搜捕，

图1—22　日伪时期的“良民证”编号

逮捕原国民党绥远民众抗日自卫军成员王文质、抗日救国会组织者董世昌等30余人。后又逮捕40多人。经过70多天审讯，将21人送到张家口军法处会审，9人被判处死刑，其他人分别被判处7～20年徒刑。

1940年6月，陶林县（今察右中旗）抗日救国会遭日伪军破坏，

中共党员、陶林县抗日救国会负责人郭向山等 14 人被捕，郭向山等 10 人被日伪军杀害。1941 年 12 月，日军对陶林县科布尔镇进行第二次大搜捕，陶林县抗日救国会会员穆继昌、于宝铭、冀国桢等 42 人被捕，不久，全部被杀害。

1940 年 8 月 16 日（农历七月十三日），日本驻厚和特务机关、宪兵队和伪巴彦塔拉盟警务厅、厚和警察署组成“联合搜查本部”，出动大批军警，开进巴彦塔拉盟师范学校搜查，抓捕师生 30 多人。至 1941 年 5 月 23 日，绥蒙各界抗日救国会 190 多名会员相继被捕，包括中共地下党在“抗救会”的主要领导人刘洪雄、贾恭、张克敏和归绥著名人士闫纪傲、段履庄等人，史称“厚和惨案”。1943 年 6 月，日伪军警重抓 1940 年逮捕后释放的白国华等，严刑拷打后将其认识的厚和市各中小学教职员开列名单，编造说他们都是抗日救国会会员。7 月 12 日，日本宪兵队、厚和警察局按照名单进行大搜捕，并一直持续到 1945 年 5 月。逮捕人员中有 100 多人被杀害，28 人被判处 2 ~ 10 年徒刑。

1941 年以后，日军经常以确立治安为名，抽调大批日本机动部队，配合警察队到农村、山区扫荡八路军驻地，残酷镇压各族人民。其中，对察南地区的龙关、赤城、延庆等山区和绥远省的大青山一带八路军抗日游击根据地实行“杀光、抢光、烧光”的“三光政策”，绞杀革命力量，屠杀无辜百姓。同时，还在各主要城镇、交通要道派日本军、警、宪兵把守，对来往行人严加盘查。

（六）开设特别法庭

1942 年 8 月至 1944 年 1 月，日伪军警宪特系统在赤峰宁城县及周边地带以“反满抗日”的罪名，抓捕当地群众 1793 人，其中 625 人被日伪移送检察机关起诉判刑。1942 ~ 1944 上半年，日本关东军在热河开设“特别治安法庭”，审判包括在今内蒙古赤峰地区抓捕的中共党员和农民4000多人，其中，1000余人被判处死刑，其余3000余人被判处入狱。在狱中，被日伪用严刑拷打、做细菌试验、病理实验、人体解剖等残忍手段，秘密杀害约800余人。据日军战犯长岛玉次郎供述，被判入狱的这些人中，在狱中因拷问致死的在50%以上，其他也有被秘密杀死或做人体解剖而死的。这是考虑到如对抗日爱国人员全部宣布死刑，会更加激起人民大众的反抗，无法压制，因此减少公开判处死刑的数目，而在暗中秘密地不依据任何法令来处死。

（七）剥削和虐待劳工

从1933年开始，日本关东军沿中苏、中蒙边境一线修筑多处军事要塞。日军强征和奴役中国劳工达320多万人，其中包括中国俘虏（见图1–23、图1–24），造成100多万劳工死亡。其中，海拉尔、阿尔山、乌奴尔3处要塞使役劳工在80万～90万人，施工过程中死亡和施工结束后被日军集体屠杀的劳工总数不少于10万人。

1934～1937年，日军修建海拉尔要塞工事，以“招工”名义，

图1–23　日军利用战俘充当劳工

图 1—24　日军在绰尔构建的劳工棚

诱招中国劳工到北山附近从事繁重体力劳动，很多劳工因劳累、寒冷、饥饿或疾病而死亡，有的被日军活活打死。劳工死后，日军用卡车运到海拉尔河北岸巨大的沙坑内掩埋。到 1937 年工程结束时，日军为杀人灭口，将全部劳工分期分批集体枪杀，甚至将数名劳工从肩胛骨穿在一起活埋，成为触目惊心的海拉尔“万人坑”（见图 1—25）。据劳工张玉甫回忆，和他一同到海拉尔当劳工的有 400 多人，他是侥幸逃出的一个。张树海回忆，他所在中队 240 人，死亡 120 人。冯彼恩回忆，所在北区 4 个月内死亡 1000 人。张朝清回忆，由海城、锦州

图 1—25　日军在满洲里屠杀群众后抛尸沟壑，形成“万人坑”。图为“万人坑”中的部分残骸

到乌奴尔出劳工的1800人，到1945年日本投降时，仅有50余人生还。侯春玉回忆，1943年到乌奴尔出劳工的700多人，生还者仅100多人。

1939～1940年，伪满一般工业部门工人平均劳动时间为9～10小时，有的长达11小时。如金属、化学、窑业、食品、毛皮等工业部门都是如此。长达13～14小时甚至更长时间的，也不在少数。据满铁调查，1940年，在日本人经营的工厂中劳动的180860名工人中，劳动12小时的有50080人，13小时的1140 人，14小时以上的1684人。在日本人经营的矿山被役使的208531名工人中，劳动12小时的19826人，13小时的4581人，14小时的30005人。在军工、矿山、土木、土地开发等劳动作业中，日本人更是将中国工人当作牛马和工具役使，因为长期超时强劳动，工人死亡者更多。一名日本战犯供述："在我的记忆中，最悲惨的一件事情，就是1943年在兴安岭筑城工程中，4万名劳工出现了约3000名的死亡。"

1941年后，日军每年役使的中国人在200万以上。其中至少有40万～50万人是在日本关东军的刺刀下从事沉重的劳役。役使中国工人最多的，是为战争服务的一些重要产业，其中矿山最多。1938年，日伪矿业部门役使工人20万人，1941年，增加至38.1万人。1945年，矿业部门"在籍查定数"为53.4万余人。而实际上，每年矿业部门役使的中国工人都在100万以上。据调查，内蒙古东部地区，被日伪用于在大兴安岭伐运木材，在呼伦贝尔、赤峰等地开采各种矿藏及修筑铁路、公路的工人约10万人，被日伪派到各类工厂、农场及日本人的开拓团中当工人的约3万人。

日伪在建立"国民勤劳奉公"制度的口号下，无偿剥夺广大"国民"的劳动力。1940年4月，伪满实行征兵制，适龄壮丁每年约为30万人，而每年征兵数仅3万人，即1/10左右。征兵剩余90%的壮丁，除去其中的残疾者，还有约80%，即二十四五万人。他们将这些人组成“勤劳奉公队”，和兵役制一样，实行为期 3 年的义务制，1942 年 11 月公布《国民勤劳奉公法》《国民勤劳奉公队编成令》，规定凡是 20 ~ 23 岁（后延长至 30 岁）的青年男子，不被征为国兵者，都须加入勤劳奉公队，参加军事工程、铁路及公路修筑、水利、造林、土地开发、重要生产、农作物收获、救灾等，成为半军事化性质的劳工队。期间，内蒙古东部地区大批各族青年亦成为勤劳奉公队队员，无偿参加军事、农产、矿产、公路、土地开发等方面的劳役，就连在校读书的青年学生也都要组织勤劳奉公队，每年被迫停课 30 ~ 40 天，被送到边境服苦役。

1944 年，日本陆军大将山田乙三命令部队，从东北各地区抓劳工 15000 人，修建兴安岭阿尔山军事工事。由于劳动条件恶劣，劳工们在严寒中缺吃少穿，先后有 6000 多名劳工被迫害致死。兴安盟被抓去充当劳工的 2600 多人，死亡 1350 多人。据当年两次被抓去的劳工吴宝春回忆，每天天刚麻麻亮，日军就用棍子、棒子、鞭子将劳工们打起来，赶到山上，凿石头、抬石头、挑石头。很多人患上伤寒病，开始时被日军挥舞马刀、棍棒逼着干活，后来得伤寒病的劳工满山遍野。日军调来穿白大褂的给生病的劳工注射药物，结果，那些劳工全部死亡。

（八）设立矫正院

矫正制度是日本法西斯为维护其殖民统治和进行侵略战争的产物。矫正院全称矫正辅导院，有的叫做“保护监察所”“更生训练所”等。1943 年 9 月，日伪当局公布《保安矫正法》《思想矫正法》。两个“矫正法”打着预防犯罪的旗号，提出通过“保安矫正”“预防拘禁”等措施，“以资达到治安保持之目的”。为此，对于“有犯罪之虞”者，必须进行矫正，包括“浮浪”“劳动嫌忌者”和“可能犯有政治罪者”等都会被押送到矫正院，接受无限期的“精神训练”，即长期服苦役。

日伪当局大多将矫正院或其分院设立在矿山、工厂附近，并建有严密防范设施，如在矫正院周围设电网。被抓进矫正院的人，不仅在肉体上备受折磨，担负沉重的劳役，过着非人的生活，而且在精神上要强迫接受“矫正”，身心两方面都受到严重摧残。

第三节 日本侵略军对内蒙古地区的经济掠夺

一、日本对内蒙古地区的资源调查

“九一八事变”前，日本曾派遣大批特务间谍人员往来于长城南北，一面搜集中国军政情报，一面调查平绥铁路（北平至包头铁路，下同）沿线各地矿产资源，为推行其殖民掠夺政策做准备。

清宣统元年（1909），日本人片谷传藏来到巴林，与巴林右翼旗札萨克衙门订立合办“东蒙古招殖盛德公司”的《契约》。《契约》规定日方出资开办公司，经营开垦荒地、酿造烧酒、开采矿苗、经营畜牧、收买畜产、批趸杂货、发行钱帖等项业务。名义上是合伙开办，实际上日方从资金到土地、从资源到产品全面垄断了巴林草原的经济命脉。中华民国政府对此事坚决予以抵制，罢黜巴林右翼旗札萨克札噶尔的职爵，革除其昭乌达盟盟长的职务，并罚俸一年。同年，突泉县所辖4个区的巡警向县知事靖兆凤呈报下情，谓本年内共发现4批日本间谍在境内进行活动。其中大宫一郎一伙共十余人，以游历为借口，走村串屯，登高山，察险要，长途跋涉，所到之处都要绘制山川地势、村屯坐落的地图，记载各地的物产资源、习俗风情、历史概况，连大片的森林、小小的泡泽都有详细记载。

1914年4～8月，日本参谋本部、农商务省、外务省、“满铁”等机构组成以参谋本部石光真臣大佐为首的“东部内蒙古视察团”，在内蒙古东部地区进行一次大规模的调查。旅程结束后，他们立即把调查所得编成《东部内蒙古调查报告》，铅印出版。同年 5 ～ 6 月，日本陆军大尉山县初男和陆军一等主计铃木晟太郎等从四平出发，在哲里木盟、锡林郭勒盟、外蒙古车臣汗部以及呼伦贝尔等地进行为期 40 天的“纵断旅行”，收集上述地区政治、经济、地理、风俗习惯等方面的资料，并于 10 月出版《蒙古纵断旅行记》一书。同年，日本关东都督府组织“满蒙地下资源调查队”，调查内蒙古广大地区的矿产资源，并编有《内蒙古矿产调查报告》。

1915 年 9 月，日本人马场惟明等受“满铁”派遣，对内蒙古东部地区地质矿产进行调查，并写出《东部内蒙古矿产调查复命书》。1916 年，日本国陆地测量所窃测内蒙古东部地区天文点 20 个。同年，日本商人尾原伍郎、田中辩造、池田卯市、安井、中川三七等在赤峰开办药房、洋行和公司，收购甘草、皮毛等土特产品。1918 年，日本人门仓三能在丰镇西北 42 公里处岱海西岸八苏木和南岸韩庆坝附近，进行盐湖地质调查，编写《山西省至归绥特别行政区域盐、遭达（碱）、硝石和芒硝调查报告》。1919 年 11 月 4 日，日本考古学者星武雄一行抵克什克腾旗，考查经棚、源水头、萨岭河、四道河口等地，归国后著《东蒙游记》一书。

1925 年 6 月 5 日，日本人村天熊三等 16 人，在奉军营长孙锡铃带队保护下，到索伦山一带调查屯垦事宜，在阿尔山地区进行森林资源调查。日本人久合田将海拉尔马的竞赛记录载入他所编写的《马学 · 马类篇》一书。1926 年 11 月，“满铁”株式会社竹内虎治、冈川荣藏、宪真（中国人）、小松八郎、针尾庆次一行，赴图什业图王旗调查有关经济、民俗的情况。

1931 年，日本关东军深入锡林郭勒盟进行特务活动，先后进入化德、宝昌、多伦、苏尼特、乌珠穆沁等地，对所有路线、地势做了详细调查、搜集，并整理成《东乌珠穆沁旗管内调查日程表》《西乌珠穆沁旗调查报告》《东乌珠穆沁旗地方调查报告》《多伦、贝子庙和大板上庙会事情》《察哈尔 — 锡林郭勒一般经济事情》《西乌珠穆沁畜产报告》和《察哈尔蒙古近况》等。

“九一八事变”后，在内蒙古中西部地区，日军接连侵占察哈尔、晋北、绥远等平绥铁路沿线各地，迅即派出各种调查团、队开展勘查，以进一步摸清该地区各种矿藏资源。如，日本东京工业大学师生调查团对察哈尔、晋北、绥远各地资源的调查；以伪察南自治政府名义派出的“国际第一资源调查队”，在日本教授大谷、森田日子带领下，对察哈尔省幸窑区铁矿及晋北煤矿资源的全面调查；以伪蒙古联盟自治政府名义派出的绥远境内资源调查队，在日本人小岛育南的带领下，对绥远省境内大青山区及乌兰察布、伊克昭盟境内煤炭、盐、碱、铁、铅、油页岩、石棉等矿产资源及其蕴藏量的大量详细调查和测探。

1932 年，日本侵占呼伦贝尔地区之后，即夺取额尔古纳河沿岸金矿开采权，并由其设在海拉尔的满洲采金株式会社经营。其方法主要是与下设的各采金公司缔结承包合同，开采的金矿主要是西口子金矿（即奇乾河金矿，由海拉尔产业公司经营）、有德聚金厂（奇乾沟金矿）、巴戈卡沟矿区（由北满采金株式会社经营）、阿利雅矿区（由恒泰公司经营），共有矿工 1000 多人，年产沙金 1 万两左右。1933 年 4 月，日军桥爪义雄在通辽至开鲁附近进行水文地质调查，编写《通辽至开鲁附近的水源调查报告》。

1938 年 12 月，日本华北株式会社对 12 种主要产品绘制集散图，汇编成《蒙疆地区资源集散图》。此外，日本对锡察地区情况的其他调查材料进行汇编，如《察哈尔蒙古的近情》《东部内蒙古产业调查》《东蒙古旅蒙商》《北支蒙疆大况》《内蒙古地理、产业、文化》《满蒙都邑全志》《蒙疆年鉴》《蒙疆概观》等。

二、侵占土地 掠夺农牧林矿产品

（一）对内蒙古东部地区土地的蚕食掠夺

“九一八事变”后，日伪政权为配合日本移民侵略计划，加紧对东北和内蒙古东部地区进行土地掠夺。1932 年，日本在东北成立“日满土地开拓公司”，以没收、强夺并销毁地契等方式，大量掠夺土地，分给日本移民耕种。1933 年 1 月，伪满洲国正式宣布允许日本人从该年 3 月份起在东北和内蒙古东部地区自由购买、租用土地。1934 年 1 月，日本开始在东北和内蒙古东部地区大规模收买土地。同年 8 月，伪满政府颁布《兴安东（分）省境内未垦荒地促垦章程》，明令占有荒地者到 1935 年末必须开垦，否则要收回荒地。同时向兴安东省和牙克石、三河地区移民垦殖（包括日本开拓团），使耕地面积增长很快。1935 年，日伪组建满洲拓殖株式会社，成为日伪进行大规模“收买”土地的重要机构。

1937 年 9 月，日本、伪满洲国政府和满铁、东拓、三井、三菱、住友等财团共同出资 5000 万元，将该会社改组为满洲拓殖公社（简称“满拓”），使其成为日伪推行移民侵略的国策性使命实行机关，专门从事移住用地的取得、管理及出卖。1938 年 11 月，日伪威逼内蒙古东部 28 个旗的蒙古王公交出世袭领地，名曰“土地奉上”，归伪满洲国所有。

（二）“出荷”粮谷产品

1936 年，日军在阿鲁科尔沁旗坤都建立兴农合作社，并在查布杆庙街建支社，日本人川本甲龙为主任，实行出荷粮（“出荷”为日语名词，意为上市、出售），指定每年必须完成出荷粮 150 万公斤。

从 1940 年开始，将粮食、牲畜的购销，由严格的统制改为强制购销，推行“粮谷出荷”“牛羊出荷”和“配给”制度，以加强对东北和内蒙古东部地区农牧业产品的掠夺。按照警察署所管辖的区域，将努图克分成若干片，由兴农合作社理事、实业科科长等担任片长，负责完成各片粮谷“出荷”任务。各村公所、警察分驻所等催逼农民到指定收购站交纳“出荷”粮谷。每年在农村征收“出荷”粮谷，未完成征收“出荷”粮谷前，既不准将粮谷拿到市场上去出售，还要封闭全部碾磨坊，连农民自用粮食也不准加工。农民“出荷”粮谷价格比市场上的价格要低一半。其中，玉米、高粱每斤只有 5 分钱，为市价的 1/2，大豆只有市价的 1/10，远不能补偿农民种粮的牲畜费用。农民“出荷”所得，还要强制“储蓄”2%，余款才由“配给”商店给予再生棉纺出的“更生布”等。农民如果私藏或拒不交“出荷”粮，要遭到处罚。

（三）掠夺皮毛“出荷”牛羊

1934 年 11 月，兴安各分省实行皮张垄断，均由日伪畜产株式会社统购。海拉尔皮行毛作坊需牛马皮 1694 张，只配给 260 张；需羊皮 3552 张，一张未配给，使海拉尔皮革业大部分歇业，皮毛业全部倒闭。1937 年 11 月 2 日，负有蒙疆地区各自治政府政务指导之责的张家口特务机关长松井久太郎，拟定《蒙疆地区绵羊、羊毛及羊毛皮配给统制要纲》，提出“鉴于确保羊毛工业原料资源在国防上乃至产业上的重要性，对蒙疆地区内的绵羊、羊毛及羊皮的配给（收集和贩卖）进行一元化的统制，以资强化日、满、华北集团经济，确立羊毛工业原料政策”。1937 年 11 月下旬，日军把绥远毛织厂并入满蒙毛织株式会社，改名为满蒙毛织株式会社绥远毛织厂。翌年 4 月 17 日，由驻厚和豪特市（归绥市）陆军特务机关横山机关长下令，又将该厂改称为满蒙毛织株式会社厚和毛织厂，受满蒙毛织株式会社蒙疆部管辖，同时也归北支野战货物所大同支所管辖。毛织厂的董事会长为日本人椎名义雄。其毛料产品如毛毯、衣料等，多用作日军侵华军用物资。

1937年冬，包头日军顾问部成立“物资调协班”，实行经济军事管制政策，将包头各生皮庄的五六万张皮子和皮毛店的100多万斤绒毛，全部贬价强行收购。日军“陆军仓库”将广恒西代客储存的皮毛也全部以低价强行收购。至此，包头皮毛行业务日趋衰落。1938年2月，由日本毛织、钟纺、三井、兼松、三菱、蒙疆毛织、大蒙毛织、满洲畜产等八大公司集资，于张家口成立“蒙疆羊毛同业公会”，并在包头设立支部，大量收买羊毛。到6月，首次从包头收购运走绵羊毛、驼毛、山羊毛、山羊绒共1928540斤（见图1—26），由日本国财阀集资在包头营建蒙疆皮革株式会社包头工厂，强占南门外东南菜农的土

图1—26　日军从内蒙古牧区掠夺的皮毛

地约100亩建厂。将掠夺的皮张就地加工，制成半成品运回日本。年投产量3万张，年产重革60吨、轻革31万平方分米，生产军需革支持日军侵华战争。仅1938年，日军运走包头皮毛价值总额约200万元以上。

1939年10月，伪蒙疆联合自治政府公布《家畜运出取缔法》及

《家畜运出取缔法施行规则》，对于家畜的出口实行许可制，外运牲畜必须提交《家畜运出申请书》，填写家畜种类、数量、价格和运出时间、方式和买主具体情况等相关内容，获得牧业总局总长许可才可运出。实施《贸易统制法》将各种皮毛类及其制成品的进出口全部纳入到贸易统制范围之内，规定向蒙疆地区以外输出此类物品者，必须得到财政部长之批准。

从1942年开始，在内蒙古东部地区的兴安4分省所属各牧业旗实行“出荷”牛政策。由兴安各分省制作一种铝制耳钳，发给各旗，每旗编排一个统一的顺序号码，并刻有“某某旗”字样。各旗在普查时，将铝制耳钳夹在牛耳朵上，进行对号登记。经过普查登记，戴上耳钳的牛户主不得随便宰杀和买卖。违反规定的，牛主会受到相应处罚。仅兴安南省科尔沁左翼后旗1942年即被摊派“出荷”牛2000头，1943年“出荷”牛头数上升为1万头。

（四）掠夺森林、矿产等资源

1932年，日军将大兴安岭划为3个营林区，下设若干营林署，营林署下又设若干营林所、公司，还有用日本人负责人的名字取名的分账房——“组”。1933年，原大仓、三井资本系统的5家伐木公司合并为日满共荣企业株式会社。满洲铁道株式会社投资300万日元创建兴古公司，并改组原中日俄合办的扎免公司，大肆采伐大兴安岭的森林。被日本人掠夺资源最严重的白狼林业局，有大小23个采伐组，4500多名工人从事木材采伐，成片原始森林全部被砍光。1935年3月23日，日军进入牙克石境内绰尔林区，成立大东洋行、常维珠公司、东发隆公司、兴亚木材公司，对绰尔河两岸森林资源进行掠夺式采伐。随着中东铁路让售予伪满，其所属林场也交与日伪经营。日伪将大兴安岭林区划分为三满、扎伦和嫩江3个经营区，15个施业区，并先后在三河、海拉尔、扎兰屯、阿尔山、嫩江等7个地区设置营林署，加速进行掠夺性森林采伐，年采伐量在 70 万立方米以上。其中三满经营区，包括牙克石、海拉尔、三河等施业区，年采伐量为 16 万多立方米；扎伦经营区，包括阿尔山、索伦、阿伦、扎兰屯（下辖绰尔、雅鲁、巴林、南木等林区）年采伐量为 36 万立方米；嫩江经营区，包括甘河、诺敏河流域的森林，年采伐量为 20 万立方米（见图 1–27）。阿尔山地区有日本人兴安林业株式会社、满蒙林业社、大兴林业社、三兴林业社、太阳林业社、大佑林业社等木材采伐组 2000 多名工人。

1938 年 12 月，日军在呼伦贝尔以白狼为中心的区域内，有大小采伐组 23 个，从事木材采伐的林业工人约 4500 人。当年采伐量：军事用材 3.63 万立方米，枕木用材 31 万根，电线杆用材 10.5 万根，坑木用材 4 万根，其他用途用材 16.5 万根，共计 62 万根。据统计，1932 ~ 1945 年，日本每年在阿尔山地区砍伐木材约 250 万立方米以

图 1–27　日军从大兴安岭掠夺的木材

上。以此计算，日伪在阿尔山统制14年间，掠夺森林木材资源至少在3500万立方米以上。

1932年，日军夺取额尔古纳河沿岸金矿开采权，由设在海拉尔的满洲采金会社经营，开采西口子金矿、有德聚金厂、巴戈卡沟矿区、阿利雅矿区等金矿。1932～1938年，有矿工1000多人，年产沙金1万两左右。1939年后，矿工增至2000多人，年产沙金1.5万两左右。到1943年的10年间，共采沙金12.5万两。此外，还有吉拉林金矿，最高年产黄金15724.8两，乌玛、加疙瘩、余利雅金矿年产黄金1000余两。

扎赉诺尔煤矿于1935年4月被日本南满铁路株式会社接管，每年生产20万～30万吨煤炭，运往长春、哈尔滨及日本本土（至1945年8月，该矿共生产煤炭218.5万吨）。1938年12月，日军在东北成立满洲采金株式会社，并在呼伦贝尔、赤峰等地区开设矿点70余处，进行掠夺性开采。其中赤峰元宝山一带的煤矿，1939年被日伪强行没收归满洲炭业会社经营。其中一座有2000多名工人的锦元窑煤矿，经日伪改造后，年产煤炭17万吨以上，全部被日本侵略者运走。

1939年8月1日，伪蒙疆联合委员会公布《矿业法》，并从12月1日起施行。该法中将经济上具有重要性的37种矿物定为法定矿物，对其开采、加工、销售等必须获得政府许可。对于矿产物销售，委托日本在华北的“兴中公司”进行。同年，日本人在满洲里建立兴安水产株式会社，强行征购呼伦湖中外渔号的网具和房产，不许中国人打鱼，独家经营呼伦湖渔业，年产鱼4000吨左右，累计产鱼27061吨，不断运往哈尔滨、长春、北京、天津等地，供应日军。

赤峰周边至通辽县、开鲁县一带，盛产甘草。日军占领赤峰后，垄断甘草市场。其满蒙兴业股份公司赤峰支店，在1935、1936年分别收购甘草 50 万斤和 55 万斤。1934 年，开鲁县经营甘草的两户日商随意压等压价，欺骗农牧民。他们以低廉的价格收购后，运回本国大阪加工成酱油添加剂或其他副食品着色剂，销往西方各国，攫取高额利润。

（五）内蒙古东部地区的移民开拓团

伪兴安东省是日本移入开拓团和移民人数最多的省，设有“开拓团”总部。其中布特哈旗最多，共有十津川开拓团、聚宝美马乡开拓团、沙里佛立开拓团、关家三户开拓团、壬生川开拓团、麒麟河茨城开拓团、丰春义勇队开拓团、永和三峰开拓团、加茂川开拓团、兴山会津开拓团、熊本乡开拓团、成吉思汗义勇队开拓团等 19 个，分布在雅尔根楚水甸沟、大北沟、哈拉苏、务大哈气、齐齐哈尔（达斡尔乡）、霍拉果气（成吉思汗镇新民村，西得胜村）、头道沟、宁安、秀峰、济沁河、麒麟河、尖山子等地。此外，还有千叶报国农场、扎兰屯实验农场和成吉思汗报国农场等。

1936 年 3 月，镜泊学院几名日本毕业生到兴安北省额尔古纳左翼旗三河地区，建立“三河共同农村组合”。该开拓团是向内蒙古东部地区移入的第一个开拓团。同年 5 月 9 日，日本制定并开始实施《向满洲移住农业移民百万户的计划》。根据这个计划，兴安东省和兴安北省被列入日本移民的重点地区。在扎兰屯（伪兴安东省所在地）设有“满拓公社”，布特哈旗公署设有开拓科。兴安北省和兴安东省是日本移民的重点地区。开拓团分集团开拓民、集合开拓民、分散开拓民、义勇队开拓民 4 种。至 1943 年，共有 2066 户、5352 人的日本开拓团迁住布特哈旗、阿荣旗、莫力达瓦旗、牙克石地区、三河地区等。据统计，日本开拓团在上述地区共有 34 个点，主要经营种植业，以自己经营为主，亦有少量雇佣中国农民或苏联侨民经营的。由于日本开拓团的大量迁入，上述地区耕地面积增长很快。其中，1935 年，兴安东省耕地为36221垧，1937年为50106垧，1942年达137767垧。1941～1942年，日本向伪兴安东省移民“开拓团”11000户，其中布特哈旗1222户，人口3026人（见图1–28、图1–29、图1–30、图1–31）。

据1945年8月15日日本战败后统计，在内蒙古东部地区的各类日本开拓团共有47个，其中兴安北省4个，兴安南省11个，兴安东

图1–28 日本“开拓团”移民在耕种

图1–29 日本“开拓团”移民在用拖拉机耕田地

图1–30 日本“开拓团”移民在打场

图 1—31 日本“开拓团”移民在田间休息

省 32 个。按种类分为一般开拓团 31 个、义勇队开拓团 10 个、义勇队训练所 3 个、“报国”农场 2 个、开拓实验农场 1 个。在籍人数为 10721 名(应征入伍的有 1659 名),其中兴安北省 498 名(入伍 280 名)、兴安南省 3579 名（入伍 527 名)、兴安东省 6644 名（入伍 852 名)。

三、实施统制法与配给制

（一）统制所有经营部门

1933 年，伪满洲国在关东军和“满铁”的策划下，公布《满洲国经济建设纲要》,提出对重要产业进行统一管制的经济统制政策。《纲要》规定统制的产业有银行、邮政、电报、电话、采金、矿业、钢铁、冶炼、电业、火药制造等 22 种；必须经许可的有普通银行、保险、地方铁路、海运、渔业、汽车、硫铵、烟草等 24 种；可以自由经营的只有农业加工业、制糖、制粉、纺织、皮革、机械加工业等 20 种。

1936 年 1 月，日军侵占商都后，粮食、布匹、食糖等生活必需品全部被列入“军需品”名单，由其三菱株式会社独家经营，违者即以贩私罪严办。农民到粮店卖粮不给付现金，一律持收据到日本人掌控的“现返物资配给所”，接受“一半付现金，一半付日货”的盘剥。

1940 年 6 月，在各主要城市实行大米票制配售，对象是日本人和朝鲜人，中国人则不配给大米。1941 年开始，除面粉由专卖机关配售外，其他各种农产品及其加工品，均由伪满农产公社全面统制，并实行配售。配给制通过由伪政权机关经济科发给居民“通账”（供应本），凭“通账”在指定配给所（店）购买的形式，在对人们口粮进行“配给”的前提下，对食盐、酱油、面碱、煤炭、棉花、衣服、鞋袜，直至火柴、蜡烛、煤油、灯泡、纸张、食糖、烟草、毛巾、肥皂等等，均实行定量供应。“配给”品种、数量、价格、时间等，全部由日本人驻旗县商会常务理事决定。指定配给所（店）均由兴农合作社经营，其他人不得经营。

实行“配给”制后，城镇市民凭“通账”“配给”定量的高粱米、玉米面及少量小米。“集家”地方的居民每天供给半斤“共和面”（用橡子、高粱、豆饼、荞麦皮等合成）。农村按交“出荷”粮谷多少“配给”布、线等票证，发到村，再由村发到屯，屯发到户，经旗县、村、甲层层克扣，到农民手里所剩无几。“配给”量为每户每年人造纤维布 1 组(8.5 尺)、白面 1.5 斤、豆油 4 两、火柴 1 盒。“配给”数量根本不能保证人民最低限度的生活需要。凡属统制物资，任何人不得私自买卖，违者视为经济犯。投机商乘机囤积居奇，哄抬物价，暗中出售。奸商与警察相互勾结私买私卖，从中牟利。

由于实行“配给”制，内蒙古地区各地商业纷纷倒闭。据巴林左旗统计，日本占领初的 1935 年，林东街共有 11 种行业的商户 124 家，到1945年仅剩几家代卖“配给品”的“组合商店”，在号称“繁富之区”的赤峰，也只剩各类摊贩六七家。

日本在“蒙疆”政权所辖地区普遍推行经济统制政策，建立特殊、准特殊和普通会社，设立金融统制机构，通用伪满货币和发行“蒙疆”伪钞，统制税收、煤铁盐碱、畜产品、生活用品及所有一切社会物资和商品价格，甚至对鸦片也实行“准专卖制度”的统制体系。

1933年，伪满洲国公布《满洲国经济建设纲要》。其中第三项“经济统制之方策”中规定：“带有国防的或公共公益的性质之重要事业，以公营或令特殊会社经营为原则。”日军侵占呼伦贝尔地区之后，在攫取中东铁路（包括今滨洲铁路）、垄断金融、劫夺邮电和夺取海关的同时，还以株式会社这一形式推行经济统制，掠夺地方经济资源。1934年，巴林右旗伪大板商务会成立，对大板大小商店进行登记，不经商务会登记者不许开业。1935年3月1日，日军侵略者为垄断蒙盐，擅自在多伦设盐务署，承德、赤峰设分署，收买蒙盐，征收盐税（察省年产蒙盐10万余担，东蒙旗民均赖此为食）。

1939年10月10日，伪蒙古联合自治政府公布《贸易统制法》。由财政部指定羊毛、羊皮、粮食、矿产等15类物品为统制输出品，指定贵重金属、无线电产品、纺织品、烟草、机械等30类物品为统制输入品。进出口上述物品时，必须得到财政部长的许可。

（二）统制税收、金融

日伪时期规定的苛捐杂税遍及社会生活的一切方面。其税分为国税、地方税和街村维持费三大类。征收的税捐有地捐、房捐、户口捐、车捐、杂捐（包括购买不动产捐、屠宰捐、观览捐、粮捐、车马牌照捐）、国税附加捐等。征税名目主要有鸦片税、盐税、统税、关税、田赋、契税、烟酒税 、印花税、牙税、营业税、牲畜税、斗税、茶叶税、矿业税等。街村维持费由保公所、自卫团收取，税捐名目随意可出。例如，维持费、保甲花销、雇兵花销、勤劳奉公花销、雇劳工花销等。老百姓打柴、打猎、采石、烧窑都要交税。狎妓者和妓女也要交纳娱乐捐、妓女捐。仅绥远省，1938 年税收总额为 9559000 元，1939 年增加到 13365442 元。伪蒙古联合自治政府成立后，1940 年度财政收入预算为 48940997 元，实际收入为 124733710 元，超出预算的 2 倍多。

1934 年，日伪在多伦地区实行蒙盐通过税，税率为青盐：板车（约 500 斤）每车 10 元，蒙车（勒勒车，约 300 斤）每车 7 元，每驼驮（约 300 斤）5 元；白盐：每板车 5 元，每蒙车 3.5 元，每驼驮 2.5 元。经营运输贩卖的商号须交纳营业税，并按等级办理盐坊执照：甲等盐坊执照费每年 60 元，乙等 40 元，丙等 20 元，丁等 10 元。屠宰税税率为每头牛 4.32 元，猪 0.7 元，羊 0.5 元。禁烟税税率为每支烟枪 2 元。消费税又称作普通代征税，包括木材税，税率 0.2 ~ 0.4 元。家畜税，牛马骡驼的税率为每头 0.2 元，羊 0.025 元。水果税率 2%。粮食税税率每石 0.053 ~ 0.115 元。毛皮税税率 0.2%。对多伦所有输入和输出的商品征收货物税，税率 3% ~ 10%。收税机关有蒙盐局、统税局、禁烟局和屠宰税局。7 ~ 11 月，多伦地区共征收土地房屋税、营业税、营业用物捐、牲畜捐、杂捐、禁烟特税、消费税（包括蒙盐税、酒税、茶税、糖税、鸦片税）、咨证税（包括契税、牌照税、营业许可税、粮店牙纪税）、所得税（包括继承税和印花税）总额为 171994.7 元。

1937 年 8 月 17 日，日军占领张家口以后，关东军派出以金井章二为首的接收班子，在张家口开始接收金融机关。以关东军司令官名义发布《紧急通货防卫令》《纸币类似证券取缔令》等。9 月 27 日，改组察哈尔商业钱局为察南银行，发行银行券，兑换旧纸币。11 月 22 日，随着伪蒙疆联合委员会成立，设立金融专门委员会，负责金融统制工作。11 月 23 日，由察南、晋北、蒙古联盟三自治政府各出资 400 万元，合并原察南银行、绥远平市官钱局及丰业银行，在张家口成立“蒙疆银行”。该行在厚和、包头、丰镇、集宁、多伦、张北及北京、天津、大同、宣化等地设有分行，在东京设立办事处。伪蒙疆银行以蒙疆特殊会社的名义，成为该地区货币发行、外汇管理、国库金交易、银行业务以及制定金融政策的金融统制机关。

1938 年 10 月，伪蒙疆联合委员会发布实施《通货取缔令》，规定“向蒙疆地区以外输出金银或金银合金或以金银为主要材料的物品时，须经蒙疆联合委员会许可”，“向蒙疆地区以外带出相当于 1000 元以上的通货、支票以及期票时，须经蒙疆联合委员会许可”，“从本年 5 月 15 日以后，除日满两国货币以外禁止一切外地货币（含联银券）流通”。1939 年 12 月，对于向蒙疆地区以外携带现金支票、期票的数额由 1000 元降为 500 元，1940 年 7 月再降为 200 元。

伪蒙疆银行从设立到 1939 年 11 月，发行“蒙疆银行券”5400 万元。各种伪钞充斥“蒙疆”金融市场（见图 1−32)。中国货币被禁止流通。金银制品，特别是蒙古族喜爱的金银首饰也被搜刮一空。据 1935 年国民政府实业部国际贸易局编《多伦之最近概况》记载，多伦在“九一八事变”前“除中国银行外，有钱铺 11 家，钱庄 4 家，金融机关尚称完备，但最近开业之钱铺只剩 4 家。多伦通用之货币，原有中国钞票及多伦商会发行之‘私帖’，现则通用伪币（满洲票）”。

1936 年，伪蒙疆政府交通总局采取增加附加税的办法，规定汇款最高限额为小额汇兑 20 元，普通汇兑 300 元，电汇 500 元。在以上限额内必须持有“汇款许可证”才能办理汇兑，如无“许可证”，每人每月只允许汇出 100 元。

1938 年 3 月 1 日，伪蒙疆联合委员会将蒙疆地区的各钱庄合并成立蒙古联盟（厚和）、察南（张家口）、晋北（大同）等 3 个实业银

图 1—32 蒙疆银行发行的纸币

行。这 3 个银行作为普通银行，接受伪蒙疆银行指导。至此，日本通过伪蒙疆联合委员会完成对蒙疆地区的金融统制。

（三）严格控制铁路等交通设施

1937 年 11 月，伪蒙疆联合委员会成立时，即成立交通专门委员会，管理平绥铁路之交通，具体运营交由“满铁”华北事务局在张家口设铁路局进行管理。1939 年 12 月，伪蒙古联合自治政府将平绥铁路以“委托经营”名义，交由华北交通会社统一管理运营。

汽车运输主要由蒙疆汽车股份有限公司统一经营。该公司前身为“满铁”华北汽车公司张家口营业所。1938 年 1 月改称为蒙疆汽车股份有限公司，1939 年 5 月改组为蒙疆特殊会社，资本全部为日资，主要经营客运、货运及军品运输等。此外，还有蒙疆运输股份有限公司（准特殊会社，日资75%），参与运输业。

1937年12月，伪蒙疆联合委员会在张家口设立邮电局，统一掌管蒙疆地区邮政、电报、电话、无线电报、无线电话以及广播无线电话事务。1938年3月，以合办形式（日本和“蒙疆”资本各占50%）成立蒙疆电气通信设备株式会社，作为特殊会社，统一经营电话、电报设备的安装、施工事业。在大同、厚和、包头、丰镇、平地泉（集宁）、卓资山、萨拉齐、德化、贝子庙、百灵庙、多伦等地设立40多家分号。此外，日本侵略军还在内蒙古地区设立名目繁多的“株式会社”，用于掠夺和盘剥当地的物产（见图1–33）。

（四）统制煤铁盐等矿产资源

日伪政府制定“蒙疆四年产业计划”，对煤矿、铁矿以及盐碱矿的开采、运输、销售均实行严格的统制。金、银、铜、锡、铅等金属

图1–33　南满铁路株式会社是一个兼有经济政治文化职能，对中国东北进行多方面侵略的特殊机构，是“九一八事变”之前日本侵略东北的主要工具

矿和硫黄、石棉、云母等非金属矿，也被列入统制范围。1939 年 8 月公布《矿业法》，将具有重要经济价值的 37 种矿物定为法定矿物，开采、加工、销售均须获得许可施行。获得这些矿产销售权的，是日本在华北的北支兴中公司。1940 年 12 月，伪蒙古联合自治政府在产业部下设立蒙疆矿产管理委员会，统一管理矿产物资销售及配给，并在张家口成立准特殊会社的蒙疆矿产贩卖股份有限公司，统一经营矿产物资的销售和配给。此后，驻扎在厚和的日军没收和侵占内蒙古中部地区大青山山脉中的石拐沟煤矿、杨圪楞煤矿，成立大青山煤矿股份有限公司（日本人任董事长）负责开采、销售。

1935 年，日本商人开始争夺额吉淖尔青盐资源，相继成立大蒙公司、蒙疆盐业同业公司、东蒙公司等，凭借其先进交通工具和雄厚资本，将大量青盐掠走。1937 年 10 月，察南盐商自发组织“蒙盐组合”（注：组合即合作社），得到察南伪政权的认可，由该组合组织蒙盐购销活动。“蒙古联合自治政府”成立后，于 1939 年 6 月 20 日颁布《盐法及实施细则》《蒙疆盐业组合法》等一系列政策法规。于 7 月在张家口成立盐务管理最高机构——榷运总署，并相继在张家口、大同、厚和成立 3 个榷运署、18 个榷运局以及若干分局，对盐业生产、销售实行统制。随后，纠合当地盐商组织起社团法人“蒙疆盐业组合”，对蒙盐的收购、运输、贩卖、输出、输入及加工，实行一元化经营。1939 年，收购各类盐 135118.18 石，卖出 133664.56 石。1940 年，收购 508124.66 石，卖出 398034.49 石。1941 年，收购 554662.73 石，卖出 435396.14 石。为防止蒙盐流入抗日政权和国民政府控制区域，伪蒙疆政府经济部和内务部分别训令，从 1941 年 11 月起，在全“蒙疆”地区开始实施食盐“配给制”（纯蒙古族地区除外），规定每人一年 15 斤。购买实行“切符制”（“切符”相当于票据），由各政厅、盟、县、市公署按月份、按户口簿发给居民，民众凭“切符”到盐店换购。

1941年6月，伪蒙疆政府改组，榷运总署撤销，由经济部直辖烟政盐务科管理。

（五）统制畜产品

1937年11月，日本驻张家口特务机关拟定《蒙疆地区绵羊、羊毛及羊毛皮配给统制要纲》，提出对该地区畜产品资源的收购地区、数量和收购、贩卖价格等，均由伪蒙疆联合委员会及军方统制，所有畜产品的最终收购、贩卖均由军方指定的日资公司垄断经营，并确保军方需求。伪蒙古联盟自治政府据此制定颁布了《牲畜售卖取缔暂行规则》《畜产物取缔布告》等规则。1938年3月，蒙疆联合委员会制定《蒙疆产业开发五年计划》，将羊毛等畜产品列入重点开发范围。10月，制定《蒙疆畜产政策要纲》，决定家畜及畜产品必须由政府收购各旗统一贩卖的马、绵羊，并对主要家畜及畜产品的出口进行统制。此外，还制定了《皮毛类运出取缔令》《兽毛类输出取缔令》《母畜运出取缔令》等。1939年10月，伪蒙古联合自治政府公布实施《家畜运出取缔法》，对家畜出口实行“许可制”。同时规定向蒙疆地区以外运出马、骡、驴、绵羊、山羊、骆驼、牛或猪等家畜以及羊毛、驼毛、牛皮、羊皮等畜产品，须获得牧业总局总长的许可。并公布实施《贸易统制法》和《根据贸易统制法限制输出之有关事项》，将各种皮、毛类及其制成品的进出口全部纳入到贸易统制范围。

从1937年起，日本为维持其“以战养战”必需的军事侵略物资，先后在张家口设立大公毛织厂，在厚和设立蒙疆毛织厂，在包头设立专织各种毛呢毛毯的钟纺毛织厂和专制各种皮革用品的蒙疆制革株式会社，为日军提供军需用品。在大公、钟纺、三井、三菱、白毛、蒹松、大蒙、满蒙等大公司垄断经营下，这些地区原有的大小旅蒙皮毛商家多数被迫破产关闭。仅以察哈尔省为例，沦陷期间，日本驻蒙军、各株式会社出口大量皮毛、牲畜等，每年仅卖给华北伪政府的羊即达15万只。卖出后套购黄金、布匹再转售给蒙古王公、总管，按伪钞折价结算，一只羊卖的钱竟买不到一张羊皮。另据统计，1939～1941年，日军从伪蒙疆地区掠走绒毛800多万公斤，占同期产量的37%；掠去皮张490余万张，占同期产量的60%以上。

（六）统制贸易、物资和物价

1939年10月10日，伪蒙古联合自治政府公布《贸易统制法》。同年11月20日，公布《物资统制法》，规定对认为有必要的“物资之生产、修理、使用、消费、所有及移动等”进行统制。同时，对认为有必要的“运送费、保管费、保险费、租赁费及加工费等”，由政府决定费率，并决定“同种或异种事业之事业主命令设立以统制该事业为目的之组合”。

1940年8月26日，根据《贸易统制法》，伪蒙疆政府财政部指定羊毛、羊皮、粮食、矿产等15类物品为统制输出品；指定贵重金属、无线电产品、纺织品、烟草、机械等30类物品为统制输入品。进出口以上物品时，必须得到财政部长许可。自此，进出口贸易由财政部长指定人员组成相应的输出输入业“组合”进行。

1939年11月，成立“物价委员会”，公布《物价统制令》，开始对粮食等农产品实行“公定价格”政策，并确定各地区粮食的“最高标准价”。物价统制实行低物价政策，使得进口产品批发物价指数与出口产品批发物价之间产生巨大反差。到1940年6月，进口产品批发物价指数比1938年8月上涨360.1%，同期出口产品批发物价指数则只上涨147.1%。

（七）统制商业

日伪政府对供应居民生活用品的商业贸易，包括电业、交通、食品、石油、烟草、面粉、水泥、砖瓦、木材、火柴等各业，也都实行统制，全部由日本人直接掌握和经营。1936年，伪满洲国颁布《火柴专卖制度》《盐业专卖法》等，对人民群众使用的食盐、苏打、火柴等产品实行贸易统制和配给。以后又对棉花、燃料、铝制品、肥皂、手套、袜子等商品实行配给制。

1937年10月1日，关东军司令部制定《蒙疆方面政治工作指导要纲》，其中明确规定“盐务、鸦片、烟草等与各政权有很大关系，要由联合委员会统制”。12月，日本在张家口开设蒙疆电气株式会社，并在厚和、包头、集宁等地设立分社。同年冬，日军从日本及伪满洲国购买砂糖、煤油、酒类、杂货、烟草、纺织物等，向蒙疆统制区输入。从平绥沿线输出有粮食、蒙盐、皮类、牲口等，营业总额达229万余元。同年冬，日伪统制者为加强对粮食的掠夺，支持“圣战”而出台《农业政策大纲》。大纲规定对农产品实行配给制，对稻米、小麦、大豆、棉花等主要农作物实行生产贩卖的统制，授权农业协同组合，逐渐扩大被统制的农产品范围。据1938年年底统计，采取抵押等方式向农村贷款2000余万元（蒙疆银行券）。通过合作社，农村的商业往来和金融流通全部得到控制。为了破坏抗战后方的经济，抢夺战争物资，套取法币，日伪政权积极奖励走私。走私货物数量最多为布匹，其他有日用品、化妆品、纸烟、蜡烛、煤油、火柴等。

1938年初，在张家口设立蒙疆木材公司，统制各地建筑木材。4月，在大同设立蒙疆电制面粉厂，统制面粉生产、经营。1938年12月，日军为侵华战争和经济掠夺的需要，控制交通，在集宁成立蒙疆运输公司，分别在山西、内蒙古等重要城镇设立4个支店、16个自动车营业所。平地泉自动车（汽车）营业所开办时有40余人，其中日本人有10余人，高野任所长。至1938年底，平绥铁路沿线的商业全部由日资大蒙、蒙疆两大公司垄断。大蒙公司在多伦、贝子庙、张北、大同、厚和、包头等地设有分店。蒙疆公司总店设在张家口，分店设在大同、厚和。凡输出输入各种货物，均由这两大公司统制。此外，蒙疆石油公司垄断石油、煤油业务。

1939年7月1日，伪蒙疆联合委员会颁布《盐法及施行规则》《蒙疆盐业组合法》。《盐法及施行规则》共43条，其第九条规定“盐的贩卖者由榷运总署长指定”，第十条规定“收买的盐要交纳盐税”。《蒙疆盐业组合法》共4章22条，规定每人每年定量盐15斤。同年11月2日，伪满洲国施行《主要粮谷统制法》《物资统制法》，食盐、火柴、煤油、面粉等物资由专卖局控制，对棉花、布匹、线类、粮食、皮张等生活用品加以统制。有贩运统制物资者，一律视为“经济犯”，物资没收，人拘押监禁。11月20日，伪蒙古联合自治政府又公布《物资统制法》，规定对认为有必要的“物资之生产、修理、让渡及其他之处分、使用、消费，所有及移动等”进行统制，同时对认为有必要的“价格运送费、保管费、保险费、租赁费及加工费等”，由政府决定费率，政府决定认为有必要的“同种或异种事业之事业主命令设立以统制该事业为目的之组合”。通过这一法律，伪蒙疆政权可以随时指定任何物资为有必要统制的物资，由政府制定价格，并由其指定的组合进行垄断经营。这实际上是为日本获得工业及军工生产原料等需要而制定的法律。

1939年后，伪蒙疆政府相继颁布《粮谷管理令》《主要食料品输出取缔令》等，强令农民“出荷”粮谷（主要为小麦、荞麦、玉米、大豆、小豆、亚麻仁、菜籽等），对居民的日用生活品实行“配给”制。在伪蒙疆地区，严令禁止当地人民食用大米、白面等细粮，强行征购各地所产的大米、白面，拨归日军和驻在各地的日本人食用，产粮区的农民和各地城镇平民，只定量“配给”掺沙、掺假且发霉的杂合面。同时还强行统制棉布，收购价格极低，出售价格高出数倍，黑市价格昂贵。平民百姓因无力购买，许多乡村中，全家数口，无一床被褥，十八九岁大姑娘赤身露体，连一条遮羞裤子都没有。人民处于饥寒交迫、无以为生的境地。

（八）商业组合

日军侵占萨拉齐县后，各经济领域中除设立日本洋行、公司外，还建立若干“组合”。如盐业组合、土药组合、棉布组合、回民牛羊肉组合、皮毛业组合，还有粮食公会、大蒙公司、电灯公司、石棉公司、云母公司等。

萨拉齐县“盐业组合”成立于1939年，由伪蒙疆巴彦塔拉盟公署清查榷运局直接领导。各乡凡是有熬盐的地区，如公积板、巧尔气、庞家营等地都设有出张所。农民熬盐，按盐锅要盐及盐税。为控制盐务，规定盐商必须得到“盐业组合”的允许才准经营。盐统一由“盐业组合”批发出售。

1940年，萨拉齐成立回民公会，并组织“回民牛羊肉组合”。这个“组合”由包头市回民公会的丰岸（日本人）顾问把持。后来，又在萨县设立畜产公司，进一步对皮毛进行控制，私人皮毛行业处于破产边缘。后又有驻包日军戊第1823部队的翻译贿赂该部队出面在萨拉齐成立“皮毛组合”。“组合”下设18个出张所，直接为日军第1823部队收购皮毛，把萨县每年所产之皮毛全部掠走。

四、种植罂粟 开设料理馆

（一）种植罂粟

1932年9月，伪满政府成立鸦片专卖筹备委员会。同年11月30日公布《鸦片法》。兴安西省开鲁县有6个大烟“组合”，种植罂粟2000余亩，年产鸦片2万多两。1933年，成立鸦片专卖公署，下设专卖署和分署共32处。另设奉天鸦片烟膏制造厂和大满号、大东号两个专卖公司。伪满政府通过上述机构低价收购鸦片，再以“专卖”

形式高价出售鸦片，从中获取巨额利润。

1939 年 6 月 26 日，“蒙疆土药股份有限公司”在张家口成立，并在大同、厚和各设一所支店(分公司)。该公司作为蒙疆的特殊公司，负责“收购鸦片，并向委员会（指蒙疆联合委员会）清查官署缴纳鸦片”。次年 4 月改为蒙疆土业组合，在内蒙古西部地区有计划、有组织地扩大鸦片生产，强迫农民种植罂粟，使蒙疆地区成为战时最大的鸦片生产基地。同年，收缴鸦片 88.70 万两，金额 331.9 万元。1940 年,收缴鸦片增至 671.79 万两,金额 6 263.5 万元,纯收入 1562 万元。1941 年，将罂粟种植面积扩大到 91.1 万亩，收缴鸦片 1124.30 万两，金额达 8916.6 万元。在 1940 年伪蒙疆贸易输出总额中，鸦片输出额占 52%。鸦片被日军称作“黑色金子”。鸦片政策成为其“以战养战”的手段之一。

强迫农民种植罂粟　据伪满洲国《民政年报》载,1933 ~ 1937 年,种植、收购、加工制造、销售、缉私等都完全掌握在鸦片专卖公署手中。1934 年 1 月 19 日，伪满洲国专卖署公布，1935 年许可种植罂粟的地区有热河省的朝阳、建平、凌源、凌南、青龙、平泉、宁城、承德、围场、隆化、丰宁、滦平、赤峰及阜新等地区，种植面积为 33.5 万亩。兴安西分省的林西县、克什克腾旗为 1 万亩。1936 年 1 月，日伪当局制定《满洲国鸦片法》，赤峰定为种植罂粟重点地区，同时实行鸦片专卖。1937 年，赤峰、建平（含敖汉）、宁城、林西、克什克腾旗种罂粟 3300 顷，收缴烟干 6621370 两。1938 年，赤峰改为翁牛特右旗后，旗烟政科下令所有 28 个街村普遍种植罂粟，由烟政科向各街村下达任务，可以超种，但不得减少，违者保甲长要受到责罚。

日伪政府在哲里木盟各地成立大烟组合。1942 年后，仅在开鲁县就先后成立西关大烟组合、东关大烟组合、西扎兰营子大烟组合、南关大烟组合、道德营子大烟组合。其中，东关、西扎兰营子两处规模较大。南关、道德营子每处年产大烟1000余两，西关年产2500两，东关、西扎兰营子两处都在3500两以上，全县年总产大烟11000多两。

日本侵略者既为从鸦片种植中获取更多利润，又为达到弱化中国“人种”的目的，于是疯狂推行鸦片种植计划。这是对中国人民从精神到肉体的大屠杀。据1948年统计，仅林西县就有烟民9940人，占全县总人口的10%。宁城县有烟民18645人，情况更为严重。内蒙古沦陷区鸦片瘾者的数量和因吸食鸦片致死的人数，据《内蒙古抗战时期人口伤亡和财产损失》记载，鸦片瘾者超过100万人，致死人数达数十万。

实行准专卖制度　1918年7月，日本人龙山在赤峰头道街开设官商合办的“满蒙兴业公司”，收购麻黄草，生产甘草膏。赤峰县公署奉命侦知田中药房、川上药房等10家日本商人在赤峰开办的药房销售吗啡，毒害中国百姓。1934年11月，伪满洲国实行鸦片专卖。伪满洲国属内蒙古东部地区各旗县均设立专卖机关。专卖收益年达亿元以上，是伪满洲国财政收入的重要来源。1936年，日军在赤峰地区收烟干127720斤，合伪满币1924831元。

1937年10月，关东军总司令部在《蒙疆方面政治工作指导要纲》中提出，鸦片与盐务、烟草等要由联合委员会统制。同月，关东军司令官植田谦吉指示张家口特务机关长松井太久郎，“在确定鸦片盐务政策时，要特别注意筹划蒙疆方面的财源，并注意防止财源及粮食流往我管区以外的中国地方”。12月，伪蒙疆联合委员会公布《鸦片业务指导纲要》，确定在各自治政府内组织鸦片公会，不许公会会员以外的人买卖和进出口鸦片等。1938年5～6月，又相继制定《对蒙疆地区内之鸦片商人的鸦片买卖认可要领》《京津鸦片商人入蒙收购鸦片许可要纲》《关于铁路运输鸦片之件》等，确定对鸦片的买卖、交易及运输等，采取政府许可制度，实行对鸦片收购、制造、运输及交易的间接统制。

建立鸦片统制体系　在察南、晋北、蒙古联盟3个伪自治政府成立后，均成立有清查处、禁烟稽查处等机构，征收禁烟税。1939年6月,“蒙疆联合委员会”公布《暂行鸦片管理令》《清查总署官制》《蒙疆土药股份有限公司法》《暂行鸦片管理令实施规则》《暂行鸦片稽查令》等一系列法规，并成立清查总署、清查署、蒙疆土药股份有限公司及清查工厂。同月26日，成立由206名鸦片商组成的蒙疆土药股份有限公司，并在大同、厚和各设立一家分公司，成为代表官方垄断鸦片收购的机构。对鸦片的生产、配给（销售）实行完全统制，建立起“烟农→土药公司→清查署→鸦片配给人→烟民”的鸦片统制体系。

1940年初，伪蒙古联合自治政府解散蒙疆土药股份有限公司，组织由以前的土商组成的收缴人“组合”，采取适应京津地区市场价格来收购、销售的方针。2月，伪蒙古联合自治政府又制定《罂粟种植交易规定》。4月，公布《禁烟特税法》及施行细则，将罂粟种植改为许可制，同时向烟农征收禁烟特税。6月，在张家口正式成立由各地方组合组成的“蒙疆土业总组合”，负责鸦片收缴、出口事务。它“按照清查总署长的指示管辖各地方组合一切业务，担任指导统制之责”。在伪蒙疆地区成立“由清查总长指定的鸦片收纳人组成”的10个“土业组合”，负责“收纳蒙疆地区所产鸦片”事务。

1938年，内蒙古中部地区种植罂粟50万亩，1939年增加到80余万亩，1941年达91.1万亩。绥远省在“七七事变”前鸦片税收256万元，到1939年增加到423万元。整个伪蒙疆地区的鸦片税收更为惊人。另据统计，1939年，收缴鸦片887019两，金额331.9万元。1940年，收缴鸦片增到6717912两，金额6263.5万元，收缴鸦片数量和金额分别比上年增长7.57倍和18.87倍。1941年，收缴鸦片11242953两,金额8916.6万元,比上年分别增长1.67倍和1.42倍。

在1940年伪蒙疆贸易输出总额中，鸦片输出额占52%。

两次重组“土业组合” 1940年12月底，兴亚院制定《鸦片及麻药政策指导纲要》规定，1941年度蒙疆地区必须完成700万两鸦片的收缴任务。1941年初，伪蒙疆政权重新指定鸦片收缴人，组成新的“土业组合”，规定罂粟种植地区和种植面积，强化实际种植面积的勘察，鼓励和督促烟农出售鸦片，严厉取缔私自交易。该年鸦片收缴达到1120万两，超出计划420万两。1942年，兴亚院规定1943年收缴量最低要完成1000万两。同时指定罂粟种植面积在95万亩～100万亩。从1943年起，伪蒙疆政府恢复将鸦片批发给“土业组合”，由“土业组合”经营鸦片销售业务的旧体制，组成新的“土业组合”。

“土业组合”的两次重组，鸦片公开收购和贩运，造成大烟馆遍及内蒙古城乡各地。据包头市调查，当时仅包头城内有烟馆43家，全城9万人口中，约1万人染上鸦片烟瘾。《绥远的烟土行》一文载：“当时伪厚和市参加土业组合的字号，计有七十一家，从业人员竟达一千四百余人。”在全绥远省，“染有嗜好的男女烟民，更加蔓延四乡，曾达一百余万”。内蒙古中部地区的瘾者按100万计，死亡率以10%计，因吸毒死亡人数即达10万人之多。

（二）开设料理馆

日军侵占内蒙古地区后，先后在各地开办俱乐部（赌场）、烟馆、妓院，并从日本本土和朝鲜派遣慰安妇(见图1—34、图1—35)。1935年，日本人在多伦设立“大蒙公司”和“善邻协会”并先后在县城内开设数家“料理馆”。1936年，日军侵占商都后，开办俱乐部（赌场）、大烟馆、妓女院。

图 1—34　绰尔慰安所“菊花堂”旧址

图 1—35　免渡河慰安所旧址

第四节　文化侵略

一、奴化教育

（一）创办各类学校及教育培训机构

“九一八事变”后，日本在内蒙古地区实行殖民教育体系。仅在内蒙古中部的归绥、包头、察哈尔盟、锡林郭勒盟、乌兰察布盟、巴彦塔拉盟就建有小学520多所。在归绥除原有归绥中学、绥远师范学校外，增设巴彦塔拉盟师范学校。其他各盟市建有察哈尔盟青年学校、贝子庙锡林郭勒盟青年学校、百灵庙乌兰察布盟青年学校、化德察哈尔盟青年学院、包头青年学校。高等学校有设在张家口的蒙疆学院（后称中央学院）、察南学院、蒙古高等学院（原称留日预备学校）、兴蒙学院、中央医学院、交通学院、铁道学院，设在化德、归绥的蒙古学院，设在大同的晋北学院，还有在张家口设立的中央警察学校和在各盟、政厅所在地设立的警察学校以及农业学院、交通学院等。

（二）推行奴化教育方针

1933年11月，伪兴安东省在布特哈旗小学成立日语讲习所，聘请日本宪兵队翻译大波多五郎担任讲师。1934年初，日本特务笹目在西苏尼特旗德王府设立特务组织“善邻协会”的分支机构，以办理卫生、文化事业为掩护进行特务活动。同年，伪满洲国政府决定在内蒙古东北地区设立兴安军官学校。1937年5月2日，伪满洲国政府公布《学制要纲》，决定从1938年1月1日起实行“新学制”。与此同时，公布学校令。10月，伪民生部公布各级各类学校令的实施细则——各级各类学校规程、《学事通则》《国民学校令》等。“新学制”的根本特点在于其殖民奴役性，主要表现在各级各类学校的教学体制以及课程设置等方面。1937年冬，满洲国推行“新学制”，以教授日语为主，把日语列为“国语”，向学生灌输“日满亲善”“尊重日本天皇”的思想。师生到校必须向日本和伪满国旗敬礼，高等学校要用日语授课，强迫学生进行军事训练。

1940年5月，伪蒙疆联合自治政府制定《学校教育要纲》，提出“以东亚新秩序建设为基调，以期民族协和，宣扬显现东洋道义”的教育实践根本方针。同年12月，又在《教育施策》中提出对蒙古族的教育目的主要有4项：1. 彻底实施产业服务教育。2. 彻底推行体育、卫生及宗教教育。3. 日本话及其文化之彻底吸收。4. 培养科学常识及改进生活习惯。对汉族的教育目的主要有3项：1. 彻底实施日本教育及其精神。2. 日、满、支（支那，指汉族所在的地方）协同体的基本精神培植。3. 彻底恢复礼教，并实施产业教育训练。对回族的教育目的有2项：1. 除与前述相同者外，彻底实施道德教育。2. 树立亲日思想，逐渐陶冶于日本教育训练。1938年12月，伪蒙疆联合委员会制定《教育纲领》，贯彻“亲日”精神教育。

这些教育目的虽各有不同要求，但基本目的是相同的，即在复兴、繁荣“蒙疆”的口号下，始终贯穿彻底吸收日本语及其文化，彻底实施日本教育及其精神，树立“亲日防共”乃至与日本一体化的思想，“养成亲日的氛围”，“养成信赖日本的信念”，使受教育者完全成为日本殖民主义的奴才。

二、法西斯文化专制

（一）设置放送局 创办报刊

日伪统治期间，在伪蒙疆政府设置有蒙疆新闻社、弘报局、放送局（广播）等，出版发行《蒙古日报》《蒙古周报》《蒙疆新闻》《蒙疆新报》《蒙疆通讯》《蒙疆日报》《察哈尔新报》《蒙疆晋北日报》《大亚细亚》《协力会月报》（见图 1–36、图 1–37）等多种报刊，宣传“亲日防共”“蒙日亲善”和“建立大东亚共荣圈，建立东亚新秩序”等，成为日本殖民统治的喉舌。

图 1–36 《大亚细亚》创刊号封面，巴彦塔拉盟兴亚协进会创办，1940 年 11 月 1 日，厚和，铅印，32 开，月刊。

图 1–37 《协力会月报》(日文)第四号封面，蒙疆日本人兴亚协力会创办，1943 年 1 月，张家口，铅印，32 开。

蒙疆新闻社以企业面目出现，是日本殖民统治者的喉舌和“蒙疆”地区新闻文化垄断机构。它垄断伪蒙疆地区报刊、图书的出版印刷发行，配合日本殖民当局搞“灭共周”“决战生活周”等，利用讲演会、电影、广播等进行“亲日防共”“王道乐土”“大东亚共荣圈建设”“共存共荣”“民族协和”以及“皇军赫赫战功”等宣传。如，1937 年 12 月底，日军厚和特务机关在新城一处民宅内安装一部 25 瓦中波广播机，以“厚和放送局”名义开始广播。该放送局每天早、中、晚用汉、日语各播音一个小时，其中日语节目以转播东京电台节目为主，自播节目为次；汉语节目主要播送“本地新闻”，由蒙古日报社提供稿件。

（二）盗窃、破坏文化古迹

清光绪三十年（1904 年）10 月 30 日，日本人鸟居龙藏到赤峰克什克腾旗，对潢源、经棚、应昌路址、普渡桥、土城子等遗址进行考察，临行窃走土城子九神庙辽代石狮子一尊及唐代铜钱等物。清光绪三十二年（1906 年），鸟居龙藏再到赤峰对英金河流域和红山后进行考古调查。光绪三十三年（1907 年），在喀喇沁右旗贡王府任教的鸟居龙藏对喀喇沁右旗、赤峰境内的文物古迹进行调查。光绪三十四年（1908 年），鸟居龙藏又到赤峰、乌丹、巴林右旗、东乌珠穆沁旗、西乌珠穆沁旗、扎鲁特左旗等地进行过考古调查。同年至 1939 年，日本间谍学者鸟居龙藏、田村实造、江上波夫、关野贞等人多次考察辽代庆陵，并进入陵墓盗取文物，临摹壁画。

光绪三十四年（1908 年）四月十六日，科尔沁左翼后旗札萨克协理台吉阿拉木斯巴斯尔、色迪巴拉呈文奉天行省总督徐世昌，报告日本测绘队百余人由中国兵勇引领深入界内数次，纵横丈量，绘制地图。日人测绘者有从郑家屯出发的，也有在旗内游历租房的，望派员前来核查等。这些日本间谍在对英金河流域、红山后、潢水石桥、辽代庆州遗址及白塔、庆陵等地进行所谓的考古活动，并窃走其中文物。

日本为摧毁中华民族文化精神，到处毁灭中国名胜古迹。王爱召，又名伊克昭，蒙古文名“乌哈格尼巴达古拉圪齐庙”，始建于明万历四十一年（1613年），原寺庙规模宏大，吸取藏、汉、蒙古寺庙建筑精华，占地50亩，有庙亭、正殿、钟楼等，十分壮观。1941年2月18日，驻包头日军小岛部队出动80辆满载士兵的卡车，在坦克、装甲车、飞机等的掩护下，闯入王爱召，将镶嵌有珠宝的银制佛像、成套的经卷、金马鞍、精致的壁毯等珍贵文物装车运走，王爱召被劫掠一空。22日晨，日军将汽油浇到王爱召建筑物上，在僧侣房堆入干柴，放火焚烧，大火一直燃烧40多天，一座有300多年历史的宏伟寺庙变成一片废墟。

（三）建立聚乐部

日本侵略军在统治区开设许多“聚乐部”，一为敛财，二为腐蚀瓦解人民斗志。1938年，在萨拉齐县城内成立“聚乐部”，设在萨拉齐县城内东楼子店院（后迁到太平街东口路南）。聚乐部昼夜唱戏，内设众多赌场，种类多样，应有尽有，诱使中国百姓参赌，日人从中牟利，而致众多家庭因赌博破产，债台高筑。

1938年春，驻包头日军顾问开设聚乐部，由哥老会、水运公会首领负责办理。申请一个聚乐部，每月向日本顾问缴纳3000元管理费。每个聚乐部每天招引赌徒千人以上，生意火爆。

三、制造的惨案与施放细菌

（一）滥杀无辜

陶林大搜捕　1940年6月，陶林县（今察右中旗）抗日救国会遭日伪军破坏，中共党员、陶林县抗日救国会负责人郭向山等14人被捕，郭向山等10人被日军杀害。1941年12月，日军对陶林县科布尔镇进行第二次大搜捕，陶林县抗日救国会会员穆继昌、于宝铭、冀国桢等42人被捕，不久，全部被杀害。

屠杀无辜百姓 日军侵占内蒙古中部地区后，有组织、有计划地采用多种野蛮手段，大规模屠杀平民。据中共内蒙古自治区委党史研究室的调研报告统计，锡林郭勒盟地区平民直接伤亡 49 人，乌兰察布地区平民直接伤亡 5028 人，呼和浩特地区平民直接伤亡 418 人，包头地区平民直接伤亡 23803 人，巴彦淖尔地区平民直接伤亡 1488 人，鄂尔多斯地区平民直接伤亡 428 人。日伪统治 8 年中，绥蒙地区蒙汉各族人民有 3.5 万人被日军杀害，因战争而贫困得病死亡 2.6 万多人，造成孤儿寡母孤老 8660 多人，烧毁村庄 3000 多个、房屋 6 万多间，焚烧和抢劫损失衣物等生活必需品高达 26.5 万多件。

制造无人区 1939 年 2 月，日军扫荡大青山抗日根据地党政军机关所在地武川县井儿沟，烧毁房屋 300 多间，抢掠所有大小牲畜，制造绥中地区最早的无人区。1939 年秋至 1940 年春，日伪在卓资县焚烧村庄 70 多座，杀害后坝子村、波儿沟两村几十名百姓。

1941 ～ 1944 年，日军多次对大青山抗日游击根据地进行扫荡。在大青山各入口处挖掘“遮断壕”，埋设铁丝网，修筑炮楼，派重兵把守，严禁将粮食、布匹、药品、食盐运进山里。日军在萨拉齐前野马图、后野马图、北图小山村的扫荡中，烧毁 50 多间民房，掠走 500 多户人家的牲畜，还将地里收割后的庄稼捆子堆起来付之一炬。有 200 多人口的小坝村，除一个牛倌走亲戚幸免外，所有村民全部被日军惨杀，即便一位外村来做小买卖的货郎也未能幸免。

枪杀抗烟农民 1944 年 11 月，伪丰镇县公署、警察署派员下乡催交公粮、逼缴烟土，激起民愤。12 月 11 日，村民 200 余人手持长矛、棍棒、铁锹等相继奔向乡公所和警察派出所。日本指导官出羽时男带领 15 名骑警前往镇压。13 日，伪丰镇县次长村田、警察署长熏城内带领 100 多名警察赶来，与出羽时男等会合，逮捕 100 多人。14 日，第五区农民聚集起来进攻伪警察署，结果 50 多名村民被打死。

事后，日伪警察将抗烟抗粮村民的房舍烧毁，并令村民用粮食、烟土交换其亲友的尸体。这次抗粮事件，“死难者竟达300人之多，受害者在1000人以上，烧毁房屋77间”。

飞机狂轰滥炸　1937年9月16日至1941年12月29日，日机用于轰炸绥远各地的飞机达584架次，投弹2854枚，炸死435人，炸伤306人，炸毁房屋3593间。

强征劳工　日伪统治内蒙古中部地区期间，在大青山周围地区开采煤炭、云母、萤石等矿藏，修铁路、机场，开办工厂，修筑据点、炮楼等，使用大量劳工。据绥远省国民政府《抗战期间征用民工暨日人强征民力伤亡数》统计，仅被日人强征民力即达5万人，另外还有3万人被送到日本本土当劳工。

（二）制造惨案

牛王庙惨案　日军占领丰镇后，1937年9月20日，将未及撤退的绥远国民兵第三期壮丁训练团与县保安大队78名守城壮士，集中于城东门牛王庙附近，全部杀害。

油葫芦湾惨案　1937年9月21日，日军在离集宁不远的油葫芦湾（今察哈尔右翼前旗三岔口）一带，用飞机轰炸、机枪扫射满载逃亡难民的客运列车，炸死、打死难民300余人。

田家镇惨案　1937年9月23日拂晓，日军从凉城县东门开进几十辆大卡车，迁怒于城区居民百姓。他们见街内弹坑阻路，就用5名老百姓尸体垫路。日军分几路从东街和南街推进，不分老幼，逢人便砍，见人就杀，把许多居民驱赶到东街铧炉厂大院。日军把躲在防空洞里的17名老百姓用刺刀捅死。当日军抓住居民李树魁17岁女儿强奸时，李家父女不忍凌辱，操起菜刀、面杖同日军搏斗，最后父女两人死于日军屠刀之下。在南街日军发现藏在菜窖里的9名妇女，全部杀害。从8点到11点，日军杀死无辜群众299人。其中年龄最大的

图 1—38 田家镇惨案纪念碑

是 73 岁的王老财，最小的是 12 岁的刘二孩（见图 1—38）。

大黑河惨案 1937 年 10 月 14 日，日军进占归绥城，因大黑河淤泥使其坦克受阻，便将多名老百姓扔在河中，以人垫道，坦克驶过，血肉横飞。路过羊盖板村时，日军又枪杀几十名青壮年。

萨拉齐惨案 1937 年 10 月 16 日早晨，日军进攻萨拉齐。他们从东来到萨拉齐东郊 5 里外的小厂圐圙，一字排开阵线，直到萨拉齐东门外的小东营附近。天上有飞机盘旋，地上有大炮直对东门。萨拉齐城内有马占山军队一个连据守。上午八九点，日军开始进攻，守城战士以死相拼。中午日军攻入城中。进城后日军兽性大发，疯狂报复，见门就砸，见人就杀，在不足两个小时的时间里，把手无寸铁的49位无辜百姓，或枪击，或刺刀捅，无论男女老幼，通通杀害在玉皇庙戏台后的大水坑边。2亩多大的水池被血水染得殷红。日军强盗还将人头割下，强迫老百姓用箩头担到天泰粮店门前示众，试图以此慑服当地人民。加之沿途杀害的9人、炸死的5人、吓死者3人、终身残疾者4人计算在一起，总共受害者达70人。

佘太城惨案　1938年4月25日，日军出动精锐部队3000余人，在飞机、坦克掩护下，由固阳县沿佘太川直犯大佘太，遭到中国守军的顽强抵抗。从佘太城中逃出的200多名百姓被日军汽车疯狂追杀，最后全部被杀死在荒郊野外。下午，日军占领佘太城，将全城所有百姓集中到西门外城墙边，让汉奸、维持会人员逐一辨认，将不认识的所谓危险分子分批拉到城壕边砍杀，先后杀死300多人，多系国民党军骑7师为攻打固阳县而从五原、临河、扒子补隆等地召集来的担架队员。日军在这场屠杀后，在大佘太城驻扎十余天，天天奸淫妇女，搜刮粮食、财物，将大佘太城变成人间地狱。

庆远屯事件　1945年8月下旬日本战败后，日本佛立开拓团在科右前旗庆远屯将单奎武两间草房浇上汽油点燃，将关押在里面的41名中国百姓活活烧死，制造了骇人听闻的“庆远屯事件”。

其他惨案　日军在绥远地区制造的惨案还有日军血洗公积板惨案，掠夺四海圪卜、托克托县河口镇惨案，固阳县马场梁等地惨案，一间房与厂圪洞惨案，固阳梁前村广业公司惨案，火烧后尧村、火烧“无主地”惨案，后卜沟惨案，托克托县惨案，西水头惨案，苏尼特右旗惨案，哈彦忽洞惨案，腾梁素力图惨案，多伦惨案，科布尔镇大逮捕案，苏励图血案，窑子村惨案，科布尔镇惨案，养鱼池惨案，白旗乡惨案，卓资山情报站惨案，黑石崖惨案，察哈尔惨案等。1945 年 8 月 15 日日军投降前夕，驻萨拉齐的日军宪兵队连夜在院内挖一个大坑，将有“通嫌”罪名的原日伪警察第 2 署警士史高栓和 14 名被抓的小商贩以“越狱”的罪名全部活埋。

四、实施细菌战

（一）对绥西实施细菌战

日军开展绥西细菌战，采取的是点源、面源（多点源）、线源的全方位进攻模式。

1938 年 7 月，开鲁县发生鼠疫，日军借防治为名，用活人做实验，死亡百姓 159 人（见图 1—39）。

1939 年 2 月 26 日，日军在白面里掺入慢性毒药，派汉奸扮成商人，将白面运到准格尔旗德胜西一带出售。马占山部姚连山通讯排过春节

图 1—39　日军海拉尔 731 部队使用的细菌试验器皿和手术工具

食用过白面后，官兵 30 余人，马 10 余匹，都口吐鲜血死亡。这一带的老百姓凡买此“白面”食用后也都全部中毒而死。事后，经马部防疫队医生检查确定，掺入白面里的是“虎力拉细菌”。

1941 年 11 月间，日军侵占绥西五原县东南方一个叫沙圪堵的小村庄。经傅作义部阻击后，即迅速撤离。原来日军的目的是为实验细菌武器。撤离前，日军在村中撒下鼠疫杆菌。很快，该村一位感染了鼠疫杆菌的老年妇女突然高烧、咳嗽、咯血，心力衰竭而死。当地驻军派一名军医张某去检疫，确认这种烈性传染病就是肺鼠疫。在此次鼠疫传染中，死亡居民 60 余人。两日后，张军医不幸以身殉职。

1942 年，绥西鼠疫扩散，在两个多月中，仅临河县境内的重点疫区就有梅令湾等 9 处；在五原县境内有中元乡等 4 处；在安北县境内有东槐木等 4 处；河西地区有沙圪堵等 5 处。还有时属宁夏磴口县的赵家湾等 20 多处。见于记载的死亡人数达 586 人。因省政府命令把“疫死者尸体及其病房一律焚烧”，“鸡犬概行打死焚埋”，才使疫情得到控制，至于其财产损失是无法估计的。

1945 年 8 月中旬，日军从王爷庙（今乌兰浩特）逃跑前，把鼠疫菌撒在扔掉的白面、大米等食物里，被中国人误食，发生了鼠疫。王爷庙鼠疫大流行，殃及毗邻的 18 个旗县。东蒙地区因鼠疫传染患病达 47522 人，死亡 39097 人。

1945 年 8 月 15 日，国民政府调查总结的《抗战八年来敌军用毒情况报告书》中说：“敌地面军使用毒菌，计有廿八年（1939）十月调来上海之细菌化学家三十余人，领队为何源博士，其后转往晋、鄂等地，专门指导用毒用菌事宜。（略）其使用方法为，先制成雪茄烟包，分蓝、黄两色，分发各部队，于退却时即投入民房、水井内。至若使用毒菌之组织，有‘毒菌密谋队’，多由汉奸充当队员。廿八年四月间，曾有汉奸冒充难民，携带盛有毒菌之热水瓶，潜入后方活动。绥西亦发现类似之组织，名曰‘毒菌队’”。

（二）做人体细菌试验

1937 年冬，驻三河日本特务机关以搜捕苏联特务为由，突然逮捕居住在三河一带的鄂温克（通古斯）牧民高 · 达喜、普 · 占布拉、皮 · 米特克、阿力克谢、车车、布利亚特旦巴等 6 人，关押在宪兵队监狱。在经过多次严刑拷打,逼问其“苏联特务”的罪行没有结果之后，车车被派往苏联境内搞特务活动，从此杳无音讯，下落不明；高 · 达喜被日本人在其身上注射细菌药液放回，后惨死家中；皮 · 米特克等其余 4 人被送到三河机场当劳工，于 1945 年日本投降前，被日军用汽油烧死在三河机场。

1938 年 6 月中旬，日军在清水河县用 1 名中国战俘做催嚏性毒气试验，然后将其杀死。1940 年 2 月 16 日，9 架日机飞经陕坝至杨村附近，投催泪性毒弹 40 余枚，伤害妇孺 20 余人。6 架日机在临河附近投毒弹 20 余枚，受害百姓 10 余人。17 日，日机又在临河投毒弹 20 余枚，一老妇受轻伤。同年冬，日本人铃木喜一带人在鄂伦春旗外河欧拉卡奇河（今东方红西沟附近）的东面建立司令部，共有日本人 14 名，其中有 1 名医生和 1 名护士。日本医生集合 15 岁以下的小孩，往他们的血管里注射白色透明的液体 2 毫升，大人则每人发黑色丸药。到晚间所有的人呕吐、胸闷、呼吸困难、心难受，全身出现深色黄疸。先后共死亡 350 多人。

1941 年 1 月 31 日至 2 月 1 日，日本华北方面军、驻蒙军等，在西苏尼特旗西方盆地，抓获刘春、潘春、高付、张义等 8 名中国男子，对他们进行人体冻伤实验和活体解剖，后将他们全部杀害。1941 年前后，日机为准备对内蒙古中部地区实施细菌攻击，派其细菌部队在包头、萨县等地大量收捕鼠类，限每户居民捕交家鼠 1 只或野鼠 3 只，用于繁殖病菌或鼠疫菌。1942 年 1 ～ 3 月，绥西地区鼠疫蔓延，在短短3个月内，17个疫区、60多个疫点罹疫死亡537人。

1949年12月，苏联远东军事法庭在伯力城对使用细菌武器的日本战犯进行审判。被告山田乙三（关东军总司令）、梶冢隆二（关东军医务处长）、川岛清（731部队队长）等12人供认，日本关东军自1931年“九一八事变”后，在中国东北大量培养致命性细菌。

1939～1945年7月，驻伪满兴安北省的日本特务机关先后将53人“特别输送”到石井部队当做实验品而杀害。1944年6月～1945年7月，有10名抗日地下工作者、苏联谍报员、共产党员被“特别输送”到哈尔滨731部队本部，用作人体试验。1939～1945年，日本特务机关从海拉尔、满洲里、三河等地以“苏蒙谍报”“抗日工作者”的名义先后抓捕108人，其中52人被作为细菌实验品而致死。另据统计，从1940年到1945年日军投降时，仅731部队内，中苏人民被当做“实验品”而遭杀害的就达3000人以上。在审判战争罪犯中还确认，日军在中国的宁波、常德等地区也使用过细菌武器。

第二章

东北义勇军的抗日战争

今内蒙古东部区抗日战争的重要战场，系由东北义勇军、蒙边义勇军、民众救国军和中国共产党领导的抗日力量等各路抗日队伍在冲锋陷阵。他们在与日本侵略军的殊死搏斗中，前赴后继，抛头颅洒热血，涌现出很多感人至深的英雄事迹。

第一节 辽北义勇军与民众救国军

一、辽北蒙边民众义勇军

（一）辽北蒙边宣抚专员行署的组建与抗日活动

辽北蒙边宣抚专员行署 1931 年“九一八事变”后，日本关东军很快占领东北各重要城镇。同年 10 月，开始进攻辽北蒙边地区（今辽宁省西北及内蒙古通辽市一带）。内蒙古东部地区蒙汉各族人民踊跃参加抗日义勇军、救国军、自卫军等抗日武装，反抗日本帝国主义的侵略。

1928 年 9 月底，东北军军事委员会步兵训练组少将组长高文彬赶往北平，向张学良汇报有关团结蒙汉各族人民共同抗日的宣抚方案。经过共商，决定组织辽北蒙边宣抚专员行署，指派高文彬为行署专员，招募本旗蒙古族和部分汉族青壮年入伍，并吸收一些有文化的学生，在旗卫队的基础上，组织起 5000 多人的蒙古骑兵抗日队伍，将其编为中、前、左、右、后 5 路，每路设统领一员，由懂军事的蒙古人担任。李海山卖掉自己的家产，全部用于购买马匹、武器弹药、军需物资。刘震玉将原有蒙古骑兵 120 人加以整顿，还征集精强蒙汉青壮年扩充到队伍中，使抗日武装迅速增加到上万人。两路骑兵，厉兵秣马，经过短期训练，誓师联手抗日。

萧河敖包、舍伯吐初战告捷 辽北蒙边宣抚专员行署的成立，引起日军恐慌。1931 年 11 月中旬，在日本顾问松井清助的指挥下，数千名日伪军由通辽北萧河敖包、舍伯吐一带进犯通辽。驻守通辽的东北军骑兵第 3 旅和高文彬的抗日义勇军进行猛烈还击。11 月 24 日，义勇军在萧河敖包地方与日伪军相遇。李海山命第 1 路军右路统领关荫南、后路统领王云升由侧方攻击，迅即将日伪军包围，左右夹攻，血战 4 昼夜，迫使日伪军向舍伯吐方向溃退。是役，击毙日伪军 200 余名，其中校尉官 10 余人。第 1 路军以伤亡士兵 100 余名、校尉官 4 人的代价取得此次战斗的胜利。

同年 11 月 27 日，李海山火速联络刘震玉部，互为配合，向舍伯吐之敌发起进攻。29 日，对日伪军形成三面包围。经过 3 昼夜激战，攻取舍伯吐，日军逃往钱家店。是役，毙伤日伪军 150 余人，其中有日军大尉 2 人。蒙骑第 1、2 路军官兵伤亡 60 余名。

义勇军退出通辽城 1931 年 12 月 8 日，松井率领日军，携铁甲车、坦克车、迫击炮、轻重机枪等武器，在飞机掩护下，附以日蒙鲜军陆空联合，大举围攻设在通辽的辽北蒙边宣抚专员行署及抗日义勇军（见图 2–1）。高文彬坐镇指挥所属各部反击。经两昼夜激战，双方伤亡严重，通辽城内，不少无辜百姓亦惨遭流弹伤害和飞机轰炸。10 日，高文彬决定暂时避敌主力，主动放弃通辽，将行署迁至通辽城西 60 里的余粮堡，并令刘震玉、李海山两部向敌后转移，伺机而动。

收复余粮堡和袭击莫力庙 1931 年 12 月 21 日，日军羽山联队 1500 余人，勾结莫力庙小佛爷白起 3000 余名伪军，共 4500 余人，突袭高文彬部余粮堡防地，企图一举歼灭义勇军抗日武装。李海山率部奋力反击，血战一昼夜，双方伤亡惨重。义勇军因缺乏弹药，在中路统领吴宝山的掩护下，李海山所部冲破重围，向西转移到开鲁县境内南树筒一带待命，整饬各部。

1932 年 2 月 13 日（农历正月初八），李海山、刘震玉两部决定联合收复被日军占领的余粮堡、莫力庙。21 日晨 5 时许，李、刘二

图 2-1　东北抗日义勇军抗击敌寇

部汇合于余粮堡西 5 里的龙湾筒后，遂分两路向余粮堡之敌发起进攻，血战一日，敌势不支，相继败溃，向莫力庙方向逃窜。是役，共击毙日伪军军官 20 余名、士兵 300 余名，俘获日军士兵 11 名、伪军 25 名，缴获步枪 200 余支、子弹 3 万余发。义勇军官兵伤亡 200 余人。当晚 7 时，李海山、刘震玉商定以分路进攻方法，选出敢死队员 300 余人，乘胜追击。战至次日晨 7 时，李、刘二部将莫力庙西半部分占领。驻防开鲁境内的东北军骑兵第 9 旅崔兴武部驰援义勇军，自庙北向庙内射击。日伪军受三面夹攻，伤亡巨大，战至午夜 12 时，敌军集中火力向东南方向突围而去。是役，击毙日伪军 300 余名、校尉 20 余名。战后，义勇军返回余粮堡。

开鲁保卫战　1932 年 2 月 25 日（农历正月二十），松井清助率日伪军 5000 余人抵达曹家营子。26 日，李海山派出信使转报驻开鲁的东北军骑兵第 9 旅崔兴武部，请求配合作战，从西夹攻，以阻日军西窜。刘震玉带600多人潜伏在开鲁城东道德营子附近。27日晨8时，日伪军进入包围圈。战斗打响后，伪蒙古自治军不甘为日本人驱使卖命，临战一哄而散，日军只好单独应战。百余名义勇军骑兵从侧面突入敌阵，在两小时激战中，轮番冲击，射杀、刀劈日军数十名，松井清助被义勇军战士击毙。是役，击毙日伪军官兵380余名，其中校尉官30余名，缴获重炮2门、轻炮2门、步枪300余支、军用品若干。第1、2路军及9旅伤亡330余名，其中校尉官10余名。

收复通辽的三次战斗 根据东三省后援会的指示，义勇军先后3次进攻通辽。先是1932年8月29日（农历七月二十八），义勇军第3、4梯队奉命联合攻打通辽日伪军。31日，在高文彬率领下，李海山第3梯队由通辽西门和北门向东门、南门发动进攻。日军用坦克、装甲车作掩护顽抗。为阻止敌人增援，李海山派后路营长杨文彩率全营官兵将郑白、大通两铁路各破坏5里许，使辽源日军铁甲车及援军不能及时到达通辽站。义勇军停止进攻,双方形成对峙。9月1日（农历八月初一），日军派出30余架飞机在通辽上空狂轰滥炸，城内商民死伤惨重，同时日军从钱家店调来的伪蒙骑兵2000余人向通辽增援。义勇军撤出战斗，9月5日到达余粮堡集结待命。

同年10月1日（农历九月初二），义勇军第二次进攻通辽。4日凌晨4时，高文彬率李海山、刘震玉两部骑兵，分两路向通辽挺进。经血战一日，至6日早5时攻占小街基，击毙日军大佐1人、士兵30余名。后因弹药不足，遂向城西官银号退却。同时，派人前往开鲁后援会运取弹药。

后援会迅速将5万发子弹送到第一、二路军驻地。10月7日晚10时，义勇军第三次进攻通辽。电灯厂24岁工人张万中自告奋勇，手持铁钳，将城西电网剪断，第3、4梯队由城西发起进攻。日军出动坦克、装甲车，在各个巷口用机枪扫射，空中飞机助战，义勇军以步枪、手榴弹还击，伤亡重大，激战至翌日凌晨4时许，义勇军主动撤出战斗。是役，歼灭日军70余名、伪军90余名。

（二）辽北蒙边义勇军右路军

“中村事件”后的关玉衡 1931年“中村事件”发生后，日本当局于9月13日，威逼东北当局逮捕关玉衡等人，要求枪毙抵命，并要将“中村事件”案有关原始材料全部调去。当时有人劝关玉衡到苏联避难，关玉衡却说：“我是关东男儿，死而何惧！”9月16日奉东北军参谋长荣臻指令，赴沈阳对质。17日，日本驻沈阳总领事林久治郎与关玉衡当面对质。关玉衡拿出中村等4名间谍活动的全部书证和物证，使得林久治郎无言以对。

“九一八事变”发生后，沈阳失陷。20日拂晓，关玉衡化装离开沈阳，原打算折回兴安屯垦区率军抗日，但车已不通，只好入关。23日，他秘密到达北平，与张学良见面。张学良委任他参议一职。日军在东北、华北地区，到处张贴关玉衡画像，蒋介石也下令东北军拿办关玉衡。在这种情况下，他不能再继续留在东北军部队，只得秘密回到沈阳亲属家避难。

组建辽北蒙边义勇军右路军 1932年初，关玉衡为实现抗日报国的宏愿，化名国尔家，从北平到上海参加东北义勇军后援会，任委员，负责辽北蒙边抗日义勇军的后援工作。6月，改名郭尔佳，化装到哲里木盟开鲁县，同辽北蒙边宣抚专员高文彬共同努力，先后建立开鲁后援会和辽北蒙边抗日义勇军，争取爱国的蒙旗官兵，发动贫苦农牧民，组建起一支1000多人的民众抗日武装。北平救国会将其编成辽北蒙边义勇军右路军，委任关玉衡为指挥，成为“打响中国抗日战争第一枪的将军”。

三、东北民众救国军的组建与抗日斗争

（一）组建东北民众救国军

1932 年 9 月 23 日，呼伦贝尔警备司令、中东铁路哈满线护路司令第 6 军管区总指挥兼黑龙江省主席苏炳文在海拉尔召开军官会议，商讨起兵抗日事宜。会议决定组建东北民众救国军（见图 2–2），推举苏炳文为总司令、张殿九为副总司令、谢珂为总参谋长、金奎璧为副总参谋长。下设 5 个旅：第 1 旅旅长朴炳珊、第 2 旅旅长吴德林、

图 2–2　东北民众救国军

第 3 旅旅长张玉挺、第 4 旅旅长张竸渡、第 5 旅旅长李振华，前敌总指挥李海青。约定 10 月 1 日以后，由各地自行举义，互通消息，加强联络。

发动满洲里事件　1932 年 9 月下旬，国际联盟在日内瓦开会，讨论中国东北问题。苏炳文等决定乘机起事，制造影响，以此揭露日

本关东军的罪行，使全世界了解东北沦陷真相，明辨是非，伸张公理，以制裁侵略者，利于交涉。

同月 27 日晨，根据苏炳文的命令，驻扎在满洲里、扎赉诺尔、海拉尔、伊列克得、博克图、扎兰屯、富拉尔基等地的驻军，戴上“铁血救国”的红袖章，同时采取行动，占领各地车站，禁止列车行驶，切断通往齐齐哈尔的电线，断绝与外界的一切联系，扯下伪满洲国旗，升起中华民国青天白日旗，包围并占领日本领事馆，领事及其他人员均被击毙。驻满士兵和群众纷纷走上街头，搜查日本人的商店、饭店、旅店，将 150 多名日侨抓起，监押在日本领事馆西院。还将伪满洲国协和会特派宣抚员大平孝、汉奸叶静甫等绑到道北三道街的电线杆上示众，士兵和群众聚集街头，庆祝胜利。

与此同时，海拉尔、扎兰屯、博克图地区到处燃起抗日烽火。海拉尔地区相继击毙日本间谍梅野、米盛，击落贸然前来巡查的日军飞机一架，当场击毙渡边少佐、胜自、井上两大尉及服部、早野、岩村、狭山、板仓等 8 名日军。日伪报纸纷纷发表头条新闻称“海满兵变”“苏派举反逆之旗”。日军 14 师团师团长松木直亮立即在齐齐哈尔召开紧急会议，决定向苏炳文空投信件，劝其投降，并派齐齐哈尔市长金宪立前往海拉尔与苏炳文谈判以期和平解决。

东北民众救国军成立　1932 年 10 月 1 日，苏炳文组织军民 10000 余人，在海拉尔东头道街体育场（苏联红军烈士陵园旧址）举行东北民众救国军成立及誓师大会，苏炳文宣誓正式就任东北民众救国军总司令，张殿九就任副总司令，并向国内外发出抗日救国的通电。救国军在满洲里、海拉尔、扎兰屯、富拉尔基等火车站同时行动，占领车站，切断通往哈尔滨等地的联络电话，积极组织开展对日军作战。

东北民众救国军通电讨伪抗日后，将部队部署在紧要防区博克图、扎兰屯、碾子山一带。碾子山为第一道防线，部署 1 个团、2 个独立营，由高团长负责指挥；第二道防线设在扎兰屯，由李海青（一说为吴德林）负责总指挥，部署兵力4个团、3个独立营；博克图为最后一道防线，部署兵力2个团，1个独立营。

富拉尔基争夺战 日军统帅部对苏炳文起义和扣押大批日本人甚为焦急，于1932年9月底调动部队向海拉尔进攻。同年10月3日，日军在飞机、重炮掩护下向富拉尔基一线展开进攻。救国军第1旅第6团官兵，在前敌总指挥张玉廷指挥下，多次击退敌人进攻，击毙日军100余人。日军复增调援兵，又频频出动飞机狂轰滥炸，战斗十分激烈。苏炳文、张殿九急派步兵第1团前往增援，团长高峻岭率部迎头痛击进犯日军，日军伤亡数十人始稍后退。

同年10月6日，日军500余人分乘橡皮船强行渡江，救国军因兵力悬殊，退守富拉尔基。7日起，日军增兵1000余人，在日机参与下，大举进攻救国军阵地。激战两昼夜，连排长伤亡10余人，士兵伤亡数百人，后被迫退守腰库勒一线。苏炳文、张殿九等亲临前线慰问，盛赞官兵们不畏强敌的战斗精神，鼓舞士气。东北民众救国军抗敌后援会及当地民众亦组成慰劳团，到前线慰问，给官兵赠送内装毛衣、袜子、糖果、食品的慰劳袋。接着，苏炳文、张殿九在朱家坎前线召开军事会议，制定阻止日军进犯的防务计划，并决定会同马占山等部，东西分进，反攻齐齐哈尔。张玉廷率士兵在第一线冲杀，先后击伤日军指挥官冈原大佐，击毙代理指挥官斋滕少佐、中岛花大尉。12日，苏炳文致电国民政府，通报救国军与日军作战情况。10月14日，关东军下令日机轰炸救国军阵地以及扎兰屯、博克图等大兴安岭以东城镇，富拉尔基再度失陷。10月21日，救国军占领富拉尔基，配合东线朴炳珊、邓文部，南线李海青部，北线马占山、徐海亭、张兢渡等部，会攻齐齐哈尔。日军增调兵力，双方在富拉尔基一带展开拉锯战。

救国军官兵浴血奋战的事迹，激起海拉尔、扎兰屯等地人民爱国支前的热情。东北民众抗日救国军后援会在扎兰屯、博克图、巴林等地征调民工、马匹、车辆、粮食、担架，向前方运输给养和弹药，运送伤员。各地纷纷捐款献金，不出一月，苏炳文部即收到各地捐款200多万元（时币）。张学良得知苏炳文部再举义旗，立即电慰苏炳文，并汇款11万元以资支援。

与日军决战 1932年11月中旬，嫩江封冻，日军以松木直亮第10师团为主力，以股部骑兵旅团为先锋，附以装甲车、坦克，并以飞机助战，大举进攻嫩江西岸救国军阵地。激战数日，伤亡惨重，乃转移至扎兰屯朱家坎、腰库勒二线阵地。为阻止日军铁甲车近期来犯，宁匡烈率领20余名工兵，迅速将前方阵地以东的昂昂溪、富拉尔基间的木桥和富拉尔基铁道桥破坏，并在阵地防御薄弱地点设置地雷、障碍物等，阻止敌人。11月22日，被日本关东军围追堵截的马占山，冲破重围，率领少数骑兵经讷河、甘南到达救国军前敌总司令部所在地扎兰屯。后去海拉尔，化名万秀然，协助苏炳文抗战。

同年11月24日，关东军决定将混成第14旅团调归第14师团松木直亮（原有1个步兵师团、2个骑兵旅团、3个飞行中队）指挥，以进攻海拉尔和满洲里地区。该师团随即以第27旅团担任齐齐哈尔地区守备，以2个步兵旅团、2个骑兵旅团、3个飞行中队进攻碾子山、扎兰屯、博克图、牙克石、海拉尔、满洲里中东铁路沿线地区。

苏炳文从博克图派专列前往哈拉苏，将从前线撤下来的官兵部署到博克图。30日晨，日军装甲车到达博克图车站东300米处，因铁路被救国军和博克图铁路工人扒掉而受阻。救国军第1旅1团3营和兵工厂、山林队工人500余人，在营长张国政率领下，在博克图火车站南北两侧痛击日军。经过激战，张国政阵亡，救国军终因寡不敌众，被迫撤至兴安岭密林中，博克图沦陷。

撤离前，苏炳文率所部和铁路工人为阻击日军前进，将两节货车满载石块，隐蔽在兴安岭隧道东口外，用以撞击日军追击部队。当日军装甲车追到时，装满石块的货车迎面撞来。为避免冲下来的货车撞击装甲车，日军抢先在铁轨上放置车辆脱轨器，企图将货车掀翻到深沟里。可当石块车颠下轨道翻滚时，车中的石块从车上砸下，触响地雷，日军指挥官荒木业工兵中尉和10余名日军当场毙命。日军损失部分工兵，通过要隘，海满门户洞开，救国军已无险可守、无兵可增。

12月1日，日军两个轰炸中队携带100千克、200千克类型的炸弹，分别轰炸朱家坎南景星镇、博克图车站抗日救国军的列车，使该地铁路运输中断3天。3日，日军第14师团得到马占山指挥机关设在海拉尔面粉厂内的情报，于是第12飞行大队派出两架重型轰炸机轰炸面粉厂。博克图失守后，苏炳文、张殿九、马占山率领4000余名官兵撤退，12月4日夜乘火车离开海拉尔，5日晨抵达满洲里以西中苏边境，向苏联边防部队交出武器后，顺利进入苏联境内后贝加尔车站。

苏炳文、张殿九等撤入苏境后，张殿九旧部在张玉廷率领下，辗转进入热河，参加热河、长城保卫战，后又转投察哈尔抗日同盟军，继续拼杀在抗日斗争第一线（见图2-3）。

图2-3 活动在兴安地区的东北抗日联军某部，在极其艰苦的条件下，仍坚持同日军进行英勇顽强的斗争

第二节 救国军、义勇军与绿林抗日队伍

一、反满抗日救国军

（一）周荣久与贺生

周荣久（也作周荣九），原名周荣，汉族，1894 年出生于今奈曼旗青龙山镇英格山村河南杖子屯一农民家。十几岁给地主扛活。在热河承德地区当过几个月土匪。他身高体壮，双手使枪，枪法过人，众匪折服，拥为司令。后被东北军接纳，先后任排长、连长，后改任阜新县保安队大队长。“九一八事变”后，日军侵占奈曼，他不满蒋介石不抵抗政策，拒绝上级调其进关的命令，毅然离开东北军，弃甲归田。1933 年夏，他被伪兴安西省绥东县（旧县名。1934 年撤销，并入奈曼、库伦两旗）委任为伪保安队队长。期间，目睹日军欺压百姓、惨无人道的罪行，常愤怒不平。1934 年 4 月的一天，他借宴请之机，将日军缴械，带几名亲信连夜逃出县公署。

贺生是距周荣久家不远的热河建平县下洼镇（今属敖汉旗）丰源村人，自小性格刚直、侠肝义胆。1934 年，东北军“吉林队”到下洼丰源大户王佩奇家驻扎，贺生得知是准备打日本人的军队，立刻参加，不久随队到阜新驻防，后被日军打散。贺生回到老家，见到周荣久，得知周荣久杀死 3 个日本人，就提出“拉大团，打鬼子”。

周荣久找到原奈曼旗王爷府保安队队长马老排（马全宝，也作马守山），得到马老排的支持。马老排因年迈体弱不能亲自参加，特派

亲信部下小敖力为首的70余名保安人员全副武装秘密投奔周荣久。然后，周荣久又听从马老排的指点，亲自联络活动于北票一带绿林好汉“阎王”裴玉卿、“平东”蓝天林两支队伍，共200多人。

（二）奈曼旗抗日救国军

1934年7月，奈曼旗群众自发组织500多人的抗日救国军，在周荣久等人的带领下，收复八仙筒镇，捣毁日伪警察署，捕杀8名日本地方官吏，砸开监狱解救出50余名爱国人士和无辜群众，并张贴布告宣传抗日道理。日军深惧这支抗日武装发展壮大，调重兵围攻。救国军利用大黑山与敌人周旋，经数次激战给敌军以重创，但终因寡不敌众，伤亡惨重。

（三）成立反满抗日救国军

1935年5月，周荣久、裴玉卿、贺生等公开打出抗日救国军的旗号。因为这支队伍由三四帮大团组成，军纪散漫，在贺生的建议下，推选周荣久、裴玉卿两人当司令，贺生为稽查官，给队伍取名为敖汉反满抗日军，进行武装抗日。敖汉反满抗日军制定4条铁的纪律：第一，不准公报私仇。第二，不准抢劫财物。第三，不准翻箱倒柜。第四，不准强奸妇女。不久又同蓝天林汇合，推选蓝天林为总司令。经过协商，将队伍名称改作反满抗日救国军。

（四）八仙筒事件

1935年7月22日，蓝天林带一部攻打敖汉贝子府，周荣久、贺生带一部攻打八仙筒。贺生带人挖断通往八仙筒的公路，割断电话线，防止日军逃跑和增援。当晚，队伍移动到八仙筒附近隐蔽。翌日凌晨，周荣久、裴玉卿、贺生率领队伍包围八仙筒。周荣久率部从东、西、南方向同时攻打八仙筒。日军毫无准备，还在梦中。救国军冲进城，贺生一马当先，带人冲进八仙筒。城内驻守有100多名警察和20名兴安西省警备军，日军参事官山首英治指挥日伪军拼死抵抗。救国军首先攻占旗公署及炮台。山首英治和警尉中根顺一等从城北门突围。贺生在后紧追，山首英治跑进一条死胡同，被贺生击毙。中根顺一亦被救国军击毙。是役，救国军活捉日本官佐佐木正太郎、警长贺田金座、盐务局长木村等8名日军，缴获钢炮一门、轻重机枪各一挺，长短枪70多支。只有一名日本人泽腾和警务科长刘崇勋漏网，伪旗公署卫队和警察队，除被击毙和部分逃跑外，余下全部投降。救国军打开日军监狱，将日军关押的无辜群众和抗日同胞全部释放，然后将抓获的日军押解到十字街西院，召开群众控诉大会后，拉到城西南沙坑枪毙。7月23日晨，蓝天林率领队伍攻击敖汉贝子府警察署，因贝子府内的日本人和伪警察先于半夜撤走，蓝天林部一枪未放占领贝子府。

（五）转战辽西

驻兴安西省省会开鲁的日军得到八仙筒被反满抗日救国军占领的消息后，立即派警察局警务科长盘井文雄带领400名日军，向八仙筒反扑而来。裴玉卿知难拒敌，撤出八仙筒。27日，八仙筒再度沦陷。在此后3个多月里，奈曼旗蒙汉各族人民饱受日军血腥镇压，反满抗日救国军官兵、家属及无辜百姓150多人惨遭日军屠杀。

周荣久率部东进，在辽西与蓝天林部会师，队伍发展到1500余人。8月8日，周荣久和蓝天林率领抗日救国军包围辽西重镇北票县城，当日攻下矿务局，直逼火车站。奉天日军司令急调皇姑屯、锦县、朝阳日伪军昼夜赶往增援北票守敌。10日，周荣久、蓝天林率部撤出北票。之后，周、蓝两部与辽西建平高体乾部抗日义勇军会合，力量更加壮大。日军深惧这支抗日武装的威慑力，立即派奉天松井部队、赤峰伪军第42团、伪兴安西省公备团进行围剿。

（六）周荣九喋血乌鲁木图山

1935年10月13日，日伪军向反满抗日救国军发起攻击。救国军利用大黑山地形与敌周旋，终因寡不敌众，伤亡惨重，陷入重围。经过几番血战，付出惨重伤亡后，周荣久、蓝天林、贺生等趁着夜幕，分别从几个山口突围。周荣久率残部回到奈曼旗南部山区，又与几股小的抗日武装汇合，在奈曼旗、乌丹县、赤峰县等地与日伪军展开游击战。

1936 年 9 月，周荣久、蓝天林率领队伍向羊羔子庙一带撤退，化整为零与日伪军展开游击战。途中被日军包围在一片高粱地里。日军动用飞机、大炮狂轰滥炸。在敌人强大火力面前，周荣久率众顽强抵抗，终因势孤力单，大部分将士战死在高粱地。9 月 26 日，周荣久带领几个人冲出包围圈，奔往奈曼旗南部的乌鲁木图山，途经化吉营子（奈曼旗土城子乡）向阳所时被人发现。化吉营子治安队长金宝仓带人追到乌鲁木图山，周荣久等边战边退，最后只剩下他和两名部下，被包围在乌鲁木图山。双方展开激烈枪战，最后子弹打光，精疲力竭，两名随从战死，周荣久负伤，见突围无望，遂饮弹自尽，时年 42 岁。

（七）贺生重组抗日队伍

在攻占八仙筒的战斗中，贺生表现勇敢，被任命为反满抗日救国军副司令。日军重占八仙筒后，对老百姓疯狂报复，周荣久住的村子被烧 100 多间房子。日军找到下洼警察署泽腾一同到丰源村，将贺生的哥哥贺清、贺生的媳妇抓到警察署杀害，贺生家破人亡。1936 年 8 月，日军组织重兵追剿反满抗日救国军，救国军被围困在大黑山。日军出动飞机轰炸大黑山，贺生部用机枪扫射，击落日机一架。进入 9 月，救国军被围近一个月。贺生突围出来，不久，他又拉起一支抗日队伍，号称“大生字”，意为抗日队伍还会壮大重生。日军得知，对贺生再次追剿，在一个叫金宝仓的汉奸带领下，将贺生的队伍追到林东，又追到围场，最后追到乌丹一棵树（地名），将队伍打散。贺生再次突围成功，改投傅作义部队，继续参加抗日斗争。

二、义勇军

（一）陈国清的反满抗日义勇军

1932 年 2 月，科左中旗反满抗日义勇军在开鲁成立，团长陈国清，团副赵道冷阿。全团 500 多人，均为从科左中旗招来的蒙古人。科左中旗北山地区有 200 多人在赵茫沙率领下加入陈国清的义勇军队伍。义勇军人人佩戴黑字红袖标，口号为“宁做站着鬼，不为亡国奴”。部队服装由张学良部资助，枪支弹药和马匹由个人自备，粮秣费用大部分向当地有钱人家募集。义勇军宗旨明确，就是打日本人。部队规定，谁打死一个日本人，即官升一级，且另有奖赏。

1932 年 3 月初，在舍伯吐西北曹格营子，义勇军和甘珠尔扎布伪军相遇，展开激战，日本指挥官在厮杀中丧命。义勇军首战告捷后，转战扎鲁特旗、科右中旗。同年农历八月中旬，义勇军得到开通镇调来一些日军的情报，决定趁敌人立足未稳进行袭击。当义勇军行进到开通镇西 30 里处，突遭已降日的开通镇唐某伪军伏击，义勇军奋力冲杀，终将唐部伪军击溃，敌人丢下 30 多具尸体逃回开通镇。但当义勇军冲到开通城下时，城中日军接应唐部溃军，用大炮和机枪疯狂进行抵抗。义勇军伤亡很大，只好撤退。翌日，义勇军继续攻城。日军在飞机、坦克、装甲车的配合下，轮番向义勇军阵地发起猛烈进攻。战斗一直进行到中午，陈国清阵亡，赵道冷阿身负重伤，义勇军终因子弹耗尽撤出战斗。

（二）其他抗日武装与活动

活动于内蒙古东部地区的抗日武装，还有许多是从黑、吉、辽等省转战而来的抗日队伍。如东北民众抗日救国军第 16 路祖耀时部第一梯队，在队长徐汉臣带领下，在通辽一带活动。

1932 年 8 月，陈普书在抗日名将马占山的授意下率抗日义勇军 400 余人攻克突泉县城，并在突泉插旗招募义勇军，义勇军队伍扩展到 2000 多人，委任王青山为司令，攻洮南，打江桥，与马占山部协同抗日。

1933 年初，吉林冯占海部、黑龙江檀自新部进入开鲁、鲁北、通辽地区后，与蒙边抗日义勇军并肩作战。东北民众抗日救国军骑兵第 2 路军司令马世锦，兵力 2000 多人，活动于茂林一带。

1933 年 7 月 29 日，宁城五化、宋三家、乌石台沟的张占河、王端、陈世明、周国玺、班左亭等组织白枪会，并与红枪会、黑枪会 2000 余人，攻打凌源西日军，双方展开肉搏战。红、白枪会死亡 30 余人，被俘 10 余人，袭击日军失败。

1935 年 7 月，敖汉王显忠、王元忠在下洼一带组织千余人，配合奈曼抗日联军攻克八仙筒，杀死日军 8 人。后王显忠、王元忠、屈振刚等人被捕，遭日军杀害。

1936 年 3 月 20 日，通辽钱家东大营兴安警备军勤务兵小喇嘛，目睹家乡父老悲惨穷苦的生活，对日军的野蛮侵略、残酷统治极为不满，于是组织 50 多名士兵进行武装暴动，打死死心塌地效忠日本人的 5 名班长，打开大营东北角的铁丝网，逃出军营，投奔抗日义勇军。

三、绿林抗日武装

（一）三九保期

1935 年，奈曼旗八仙筒出现一个自称“三九保期”的抗日救国军组织，声势很大，队伍发展到 2000 人。“九一八事变”后，多次与日军作战，杀死日本警长贺田金座、署官佐佐木正太郎、参事官山守荣治、指挥官中根专五、盐务长木村等日本“鬼子官”8名，并在西南沙坨坑召开群众公审大会，控诉日本侵略者犯下的滔天罪行。

（二）北霸天

1935年4月，张才因不堪忍受地主、日伪警察的剥削和欺压，与结拜兄弟孙长然一起夺取日伪警察武器，又联合几个结拜兄弟拉起“杆子”，在林西附近的中乌兰、西南沟、南大川一带进行反满抗日活动，自号“北霸天”。年底，张才队伍发展到20多人，此后便以西南沟作为据点，经常主动出击，打击附近伪满警察，进行杀富济贫、反满抗日活动。

（三）其他绿林抗日武装

“绿林”（土匪）中较大的抗日武装还有抵抗侵占通辽日军的震东洋、天下好、东胜、东海、春文武等；通辽、开鲁绿林大海字（刘海泉）、六合（于海滨，又名于海川）、绿林好（陆子献）、靠天红（赵海生）、老头好（吴海山）、大魁子（杜鸿奎）、海龙（白易明）、金龙

图2–4　绿林抗日武装

（传永盛）、黎连长、张俊峰、中山侠、刘春山、大林字等部武装，其中老来好（刘世祥）与小股绿林武装扫北、宝和、好友、新来、全胜、四海、飞虎等联合组成义勇军，在开鲁、通辽、铁岭、法库、新民一带活动；辽北、蒙边地区有金山好（金海山）、燕子（沈宝琳）、六合、不服劲（邴桂五）、靠山红、金龙，以及中义侠、草上飞、双龙、东胜、老头好、打天下、占五洋、青山好、金蝴蝶等。这些绿林好汉抗日队伍，小则三五百人，多的三四千人，其中绝大多数加入高文彬第五军区各路军中。东北民众抗日义勇军第 14 路军基本是一支以绿林好汉为主体组织起来的队伍，其 4 个支队的司令为马德山（打五军）、齐福臣（青龙敏）、阚玉田（江北）、高峰（北合），均出身绿林。第 39 路军赵亚洲部也收编多股绿林队伍，出身绿林的金山海担任副司令，部下有绿林好（陆子猷）、东边好、打天下、扫北、五洲等小股武装（见图 2–4、图 2–5）。

图 2–5 绿林抗日武装

第三章

中国共产党领导的抗日战争

中国共产党在历时14年的抗日战争中，于全区范围内设立秘密联络点、情报站，建立革命根据地，组织部队进行抗战。同时，中国共产党注意团结各民族、各阶层人士共同参加抗日战争。其中大青山革命根据地的建立，不仅有力地打击了日本侵略军的嚣张气焰，同时也培养了一批革命干部，为新中国的成立打下了坚实的基础。

第一节　中共中央和中共满洲省委在内蒙古东部地区领导的抗日斗争

一、中共中央和中共满洲省委领导的抗日武装

中共中央和满洲省委一直关注和领导东北地区的抗日斗争。一方面组建秘密交通线，另一方面加强组建抗日武装队伍。1933 年 9 月至 1936 年 2 月，中共满洲省委反日游击队相继改编成东北人民革命军、东北抗日同盟军和东北反日联合军，共 6 个军。第 1 军独立师从 1934 年 1 月开始，联合几支抗日义勇军、山林队共同作战。2 月，独立师司令部召集 17 支抗日义勇军队伍代表参加会议，通过了《东北抗日联合军宣言》，成立东北抗日联合军总指挥部。1936 年 2 月 20 日，东北抗日联军发表《东北抗日联军统一军队建制宣言》，宣布将人民革命军、反日联合军、反日游击队一律改编为抗日联军、抗日游击队。东北抗日联军共 11 个军，人数最多时有 3 万多人，进行大小战斗数千次，歼灭大量日伪正规军，牵制近 40 万日伪正规军。

（一）秘密交通线

满洲里国际交通线的建立　为加强与苏联和共产国际的联系，在中共满洲省委领导下，开辟了 3 条地下交通线：一条从绥芬河走旱路到苏联；一条从黑河到苏联；一条从满洲里乘火车到苏联。

满洲里国际交通线为护送革命者、革命领导人、传递革命文件和情报资料发挥出重要作用。1928 年，在莫斯科召开中共第六次全

国代表大会，从4月中旬到5月末，满洲里地下交通站护送40多名代表经满洲里或绥芬河去苏联。1920～1931年，经过这一交通线进出中苏国境的人数无法统计，其中有许多中共创建者和早期领导人。共产国际代表维金斯基、马林、越飞、李德亦由满洲里出入国境。

满洲里地下交通站——晋丰泰杂货铺 晋丰泰杂货铺于1932年春节前开张，以经营烟、酒、糖、茶、水果、米、面、食品等杂货为掩护。到“晋丰泰”喝酒、买货的人很多。常来的苏联铁路扳道工莫老托夫是苏联方面的联络员。他通过到杂货店喝酒，传递文件和情报，引导有关人员出入境，有时用马车接送，有时步行偷越国境。两年多时间里，先后护送70多名同志安全出入中苏边境。

1935年8月以后，东北地下党的交通工作完全由国际交通局负责，经费由共产国际负担。满洲里地下交通站的联络方法，继续通过莫老托夫和与满洲里相对的苏联86号车站托里亚(今奥特堡尔)发生联系，再经赤塔直达莫斯科。1937年4月，因叛徒出卖，哈尔滨国际交通局及其在北满所设的5个交通站和5个联络处全部被日本特务机关破坏。

扎赉诺尔交通站 扎赉诺尔交通站是满洲里地下交通线的辅助站，于1935年5月前建立，负责人为杨殿成，助手老李头（原名张发），后由王化民接替，以种地为掩护。该站需要和苏联方面联系时，先由杨殿成的兄弟杨永和与莫老托夫联系，再由莫老托夫通知扎赉诺尔对面的阿巴凯捷夫司基（阿巴凯捷的苏联保安部），再经托里亚、赤塔最后到莫斯科。期间，国际交通局在哈尔滨设立满洲里、扎赉诺尔方面的联络处。

满洲里直通交通站 满洲里直通交通站于1936年4月设立，在三道街以开设承和顺估衣铺做掩护。直通交通站与满洲里地下交通站不发生联系。他们的联络方法是由满洲里通过北方山道，直到托里亚和苏联人斯密士联系，由联络员直送哈尔滨。国际交通局在哈尔滨设立满洲里直通站联络处。1937 年 11 月，满洲里直通交通站和直通站联络处均遭到破坏。

博克图交通站 1937 年，博克图设立交通站，负责接应、转送党、政、军工作人员及情报，负责人王凤山（原名张九江）。成立不久，接到满洲里交通站被破坏的通知。5 月初，博克图交通站人员撤回哈尔滨。由于叛徒出卖，11 月，王凤山被日本特务机关逮捕。

（二）大兴安岭林区地下交通站、情报站

博克图博安医院 1931 年 7 月，受苏联海参崴中国列宁党校教导主任孙科（另一身份为苏联远东红旗军齐齐哈尔地下军情报站负责人）派遣，中共党员赵德元与夫人及另外两名妇女到博克图开办博安医院，搜集日军和东北军情报。1932 年 4 月，博安情报点撤销。

阿尔山红色国际交通站 建于 1927 年春。根据第三国际指示，苏共党员福明泰、郭道甫等人，到当时新巴尔虎旗辖区的阿尔山、伊尔施、白狼、五岔沟开展革命活动，组织成立内蒙古革命青年党，经常往返阿尔山至海拉尔等地，建立秘密据点。这个秘密据点的房屋是由一个叫包仁河的青年猎户提供的。交通站出入境有两条途径：一条是从阿尔山到蒙古国东方省的巴彦宝尔德；另一条是从五岔沟到哈克台。1928 年秋，当福明泰等策划组织“呼伦贝尔自治”暴动失败时，就是从阿尔山进入蒙古国巴彦保尔德，经乔巴山到莫斯科向第三国际汇报工作的。这条国际通道成为内蒙古东部地区进步人士与中共驻莫斯科、乔巴山党组织联系的重要通道。

白狼秘密情报站 1938 年，东北抗日联军第 3 路军 3 支队 1 营丛世和直接领导的白狼小分队队长王山、副队长王林，在喜扎嘎尔旗白狼小分队建立秘密军事情报站，为苏联情报人员提供军事信息。日军在索伦丰林大坝追击抗联白狼小分队时，白狼情报站被破坏，停止活动。

阿尔山、索伦抗日救国联络站 1939年，中共北满书记金策委派抗联第3路军营长田成雨、某连指导员麻国柏和女战士顾月英，到龙江县李三店开展地下抗日工作。田、顾二人扮作父女，组织救国会，并以此为中心，开展抗日活动。同年9月14日，金策又派第3路军2团秘书舒明暹到李三店和麻国柏接头，着手建立“西北特支”和组建西北抗日队伍，在阿尔山、索伦秘密成立抗日救国联络站，为东北抗联3支队提供军事情报。

二、武装斗争

（一）热河与赤峰地区的抗日斗争

发动群众配合第41军阻击日军 1933年3月，日军侵占赤峰地区后，中国共产党点燃该地区抗日烽火。王逸伦按照党中央和内蒙古特委关于配合孙殿英赤峰抗战的指示，组织发动数千名学生和市民，欢迎、慰问到赤峰抗战的国民党第41军孙殿英部，鼓舞孙部士气，激发官兵爱国热情，使孙部得以在赤峰阻击日军两天一夜。在中国共产党的影响、推动和组织下，军民奋起抗争，掀起抗日救亡斗争。

在宁城一带开展抗日活动 1933年3月，中共冀东区委派李青山、李景到宁城一带开展抗日工作，后又派韩子英到宁城黑里河地带开展抗日活动。1940年8月，中共冀东地委和八路军晋察冀军区冀东军分区负责人李运昌，派出周治国等领导的工作组到热河南部迁安、青平一带组织游击队。9月，周治国派李青山等6人组成路北（锦州至右北口）工作组，深入承（德）平（泉）宁（城）地区开展工作。10月，在宁城县霍力川一带组建一支24人的游击队，由裴文任队长。这支游击队在承平宁地区开展游击活动，并得到发展。

冀东军分区发动热南战役 1941年，晋察冀边区领导的中共冀东地委、专署和军分区（第13军分区），派部队和工作人员挺进热河南部地区，以冀东为依托，开创热南抗日游击区。1942年5月，冀东根据地组织路北武装工作队28人，开辟承平宁地区工作，建立4个区级抗日政权。

1942年11月13～17日，冀东军分区发动热南战役，派主力部队第11、12团700余人，越过长城，进入热河南部地区。第11团参谋长高桥（苏然）、第12团参谋长周佳美和2营营长杨恩路率部队连续攻克宁城八里罕伪警察署和洼子店、黄土梁子、六沟、七沟等11个伪警察分驻所，袭击上谷、永合两个火车站。日伪军驻承德第5军管区立即调集7个伪国兵团和伪警察讨伐队、日军宪兵及守备队等，共8000余人，向承宁一带扫荡。八路军第11、12团在承德县三沟、宁城县黑里河等地与日伪军多次作战，给扫荡之敌以重创。

承平宁联合县及第3区队的建立 1943年5月，中共冀东地委决定正式建立承平宁联合县。冀东军分区于6月组建第3区队（团建制），开赴承平宁地区。承平宁联合县党政军组织机构成立后，先后建立起8个区级抗日政府，其中，宁城县境内4个。1943～1944年，第3区队和地方游击队与日伪军多次战斗，取得巨大胜利。

热河南部游击战 1944年2月，联合县工委和第3区队袭击伪军占据的宁城县城小城子后，日军调集7个讨伐队，对承平宁地区进行反复扫荡。中共承平宁工委和第3区队化整为零，分散活动，坚持游击战。到3月下旬，承平宁地区伪军兵力倍增，第3区队在敌人的包围中连续作战，严重减员，决定将主力撤回关内，高桥带领一个排留宁城一带坚持，另一部分在围场、赤峰一带活动，以牵制敌人。承平宁工委组织部长陈革率领的一支游击队被敌包围，无一人生还。3月29日，高桥等22人在宁城八素台双庙村附近的老戚沟与日军讨伐队的战斗中，高桥等9人英勇牺牲。4月25日，赵洪武带领的游击队在宁城大双庙龙潭沟与敌激战，18 名战士被俘后慨然就义。9 月，根据中共冀热边区特委的决定，撤销承平宁联合县，保留下来的部队和地方干部陆续撤回关内。

创建进军东北和解放东北的前沿阵地 1945 年 2 月 5 日，中共冀热辽边区委员会、冀热辽军区和行政公署，按照中共中央关于扩大解放区的战略方针，为恢复热河南部地区的抗日斗争，创建进军和解放东北的前沿阵地，做出恢复热辽游击区的决定，派出 3 支北进支队挺进热河，逐步恢复热河南部的抗日游击根据地。5 月，成立宁（城）赤（峰）联合县，由夏洪林任中共宁赤联合县工委书记，张立文任办事处主任。6 月，由郝福鸿率领的中路北进支队开赴宁城八素台、公爷府等地，恢复工作，扩展游击活动，一直坚持到日本投降。

（二）承平宁抗日游击根据地

承平宁武装斗争 高桥，原名高明海，字镜天，化名苏然，生于 1914 年。1931 年“九一八事变”后，高桥的家乡辽宁省辽阳县沦为日本侵略者的殖民地。1934 年，高桥在河南洛阳军校受训。1938 年，高桥加入中国共产党。6 月，赴河北省丰润县北火石营参加抗日联军。7 月，参加中国共产党领导的冀东暴动。后历任抗日联军司令部作战参谋、第 14 总队队长、第 5 总队队长和八路军营长、团参谋长、区队长。

1941 年 8 月，第 11 团参谋长高桥、第 12 团参谋长周家美等，率主力部队 1000 余人，深入长城外热河地区作战，活动在兴隆、车轮轿川、黄沙川、羊羔峪、老窝铺、道虎口撒河以北宽城南一带，先后攻克承德上谷、永合火车站，平泉黄土梁子、宁城八里罕伪警察署和承德六沟、平泉洼子店、七沟等 11 处伪警察分驻所。

1942 年 11 月，八路军冀东军分区的 700 余名指战员越过长城进入热河，攻占宁城洼子店、黄土梁、八里罕等伪警察署，给日伪军造成很大威胁。日军调集 1.5 万人“围剿”八路军。为避敌锋芒和配合冀东地区开展的“反蚕食”斗争，进入热河南部的第11、12团主力于1943年2月撤回冀东，由高桥率领两个连，留在承平宁地区坚持武装斗争，牵制敌人。

1943年4月，高桥率部和地方武装一起攻克宁城榆树林子“组合”，成立宁城第5、第6区抗日政权。5月，中共冀东地委决定正式建立承平宁联合县。6月，冀东军分区组建冀东军分区第3区队（相当于团的建制），高桥任队长，黄云（杨雨民）任政委。下辖两个连、一个侦察通讯排以及电台队和副官处，共约500人。高桥率领的3区队进驻热河开辟抗日根据地，与敌交战67次，歼敌800多人，缴获机枪7挺、长短枪700余支，攻克日伪据点24处。

向日伪军要冬装和经费 1943年8月初，冀东军分区指示3区队相机迅速攻打三座店，以解决军分区经费紧张及主力团等单位的冬装问题。接到任务后，高桥、黄云经过研究和实地侦察后决定，从三座店警察分驻所所长乌井宪（也写作乌景显）身上打开缺口。高桥带人摸到乌家里，宣讲抗日道理，使其受到触动，同意作为内应。翌日夜晚，乌将警员全部派出。高桥、黄云带领敢死队进入三座店街，占领三座店“鸦片组合”，缴获烟膏3000余斤。经费和冬装问题顺利解决。

连续击毙日军多人 日军派往喀喇沁中旗协和会任事务长的仁科信夫，在当地大力发展协和会组织，胁迫协和会员检举八路军家属和与抗日有联系的人，还组织起一支100多人的协和自卫队，到处追击抗日队伍和催促“集家并村”。承平宁联合县工委决定除掉仁科信夫。1943年8月，在地方游击队的配合下，高桥带领第3区队采取诱敌深入战术，将仁科信夫与日军宪兵队小队长夏谷带领的协和自卫队诱入山中4天，然后将其引入埋伏圈全部歼灭，仁科信夫和夏谷同时被击毙。

日军调山本担任协和会事务长，与日军守备队队长东山岛一起，带领日伪军四处扫荡，捕杀抗日志士。高桥、黄云率领第 3 区队与敌展开周旋，于 9 月 15 日跨过老哈河，在平泉大营子东沟一带设下埋伏，将日伪军诱入伏击圈内。经激战，消灭日伪军 25 人，山本、东山岛亦被击毙。缴获步枪 19 支、机枪 2 挺、手枪 3 支、掷弹筒 1 门。20 日，又打下宁城驿马吐谢杖子据点，打死日军 20 余人，缴获机枪 2 挺、步枪 20 支。

连续消灭和瓦解伪军、伪警察 1943 年 8 月，高桥、黄云率领第 3 区队在马骥率领的冀东第 2 团配合下，在宁城卧龙泉子一带围歼伪军 1 个连，缴获许多武器弹药。同月 25 日，攻克头道营子敌据点，缴获步枪 30 支、手枪 2 支、子弹 2 箱。

黄土梁子伪警察署讨伐队经常抢掠百姓财物，当地群众恨之入骨。9 月 17 日，黄土梁子伪警察署讨伐队到榆树林子一带扫荡，高桥、黄云决定将其消灭于老巢外。第 3 区队到达榆树林子后，高桥派出的侦察员抓到 12 个俘虏。接着高桥、黄云指挥部队迅速包围其余伪警察营地，通过喊话教育，97 名伪警察全部缴械投降，缴获步枪 87 支、手枪 3 支、马 2 匹。9 月 25 日，第 3 区队和马骥率领的第 7 区队在宁城卧龙泉子汇合，击溃伪军 1 个连，缴获重机枪 2 挺、步枪 30 余支。

再向日伪军要给养 1944 年 2 月初，承平宁工委在宁城县巴营子召开联席会议，决定攻打宁城小城子，以夺取物资，解决给养。2 月 6 日夜，第 3 区队、游击队和群众跑步到达小城子外围。高桥指挥人员切断电话线后，将城墙炸开一个豁口，率部队冲进城内，发起突然袭击，城内守敌缴械投降。此战，仅用 1 个多小时，俘虏伪警察 50 余人，缴获大批布匹、现钞及军用物资。部队和群众连夜将物资转移并撤出小城子。

老戚沟高桥英勇献身 1944 年 3 月下旬，承平宁地区日军兵力激增。第 3 区队决定化整为零，分为三部分：政委黄云率领 1 个连队向一肯中、八肯中、宁城一带活动；副政委郑紫明带领1个连队，由地方干部高山配合，向天义、叶柏寿、朱碌科、朝阳北部地区活动；高桥率领1个排30余人，留在承平宁游击中心区坚持斗争，牵制敌人，掩护其他两部分人员突围转移。

3月29日，高桥等22名指战员在宁城八素台双庙村附近的老戚沟（也写作老西沟）陷入200多名日伪讨伐队的包围圈中。高桥率部同敌人展开顽强战斗。在敌众我寡的情况下，高桥指挥大家突围，自己和部分战士留下作掩护。部分战士安全撤出后，身陷重围的高桥将最后一颗子弹留给自己。

分区长裴文和的抗日活动 裴文和，1920年生于宁城县西泉乡范杖子村。18岁时，参加当地黄枪会组织，后成为黄枪会的法师。在一次与土匪交战中，被打断右腿，成为颠脚。1940年9月底，李青山带领路北工作组到裴文和的家乡发动群众，宣传抗日。裴文和积极响应，带10余人参加革命。

1943年5月，裴文和担任承平宁联合县六区分区长、财粮助理、区小队长。1941年6月，裴文和率游击队袭击喀喇沁新甸警察署。7月，同苏百熙一起率游击队三打松树台日伪警察分驻所，除掉两个汉奸。8月，裴文和率队参加攻克宁城战斗。

1944年3月29日，高桥在宁城八素台牺牲后，裴文和带领区干部，遵照中共冀东区委“区不离区、县不离县”的指示，继续在六区战斗，坚持对敌斗争。4月下旬，裴文和和区干部金玉山等在平泉县平房小沟村宣传抗日、安抚烈军属时，由于叛徒出卖，被敌发现。28日拂晓，被日伪军讨伐队40多人秘密包围。当通讯员发现敌情时，敌人已呈扇形包抄过来。裴文和、金玉山当即决定向东山突围。一阵激战后，裴文和左臂中弹。他斜背大枪，用手枪继续还击敌人。已跑到东山坡上的金玉山见分区长负伤，故意大骂敌人，以暴露自己，吸引敌人。

金玉山终因寡不敌众，受伤被俘，入狱后被折磨致死。裴文和边打边撤，因伤势过重，行动不便，再次身中数弹，不幸牺牲，时年 24 岁。

抗日联军三进呼伦贝尔 1939 年底至 1942 年，中共领导的东北抗日联军三进呼伦贝尔广大地区，同呼伦贝尔各族人民一起进行艰苦卓绝的抗日斗争（见图 3–1）。1939 年 5 月 30 日，东北抗日联军成

图 3–1 东北抗日联军进军呼伦贝尔

立第 3 路军，总指挥部下设龙南、龙北和下江 3 个区域性指挥部，龙北指挥部辖第 2、3、9 支队，主要活动于黑龙江省海伦、讷河、嫩江、德都、龙斤、克山及伪兴安东省布特哈旗（扎兰屯）、阿荣旗（那吉屯）、巴彦旗（索伦）、莫力达瓦旗（尼尔基）及甘南县等地。12 月，抗联第 3 路军总指挥部根据北满省委的决定，组成西北远征军指挥部，任命原第 6 军参谋长冯治刚为指挥，率军直教导队和第 12 团骑兵首次进入呼伦贝尔。冯治纲率第 6 军教导队和 12 团 120 余名骑兵，进入

伪兴安东省布特哈旗、莫力达瓦旗、巴彦旗、阿荣旗等少数民族地区，边展开民主建政工作，边开展游击战争，给日军以沉重打击。1940年2月初，抗联队伍向呼伦贝尔纵深发展，进入阿荣旗。1940年9月，中共北满省委决定继续开辟呼伦贝尔游击区，第3路军总指挥部派第3支队第二次进入呼伦贝尔。1941年7月，第3支队按照抗联第3路军指挥部的命令，第三次跨过嫩江进入呼伦贝尔。1942年7～8月，白永盛先后在阿尔山、索伦、扎兰屯、龙江、王爷庙街召集旧部70多人、爱国进步青年30多人，集合许多枪支弹药，组建一支西征抗联队伍。

从1937年至1942年底，王明贵第3支队活跃在布特哈旗以及阿荣旗、莫力达瓦旗、甘南县等广大地区。1940年11月30日，第3支队在阿荣旗鸡冠山与日军相遇，支队7、8两个大队分路突围。战斗中，支队政委高禹民等8人为掩护部队突围而牺牲。12月初，第3支队在济沁河畔炮台砬子同日军讨伐队遭遇，发生遭遇战，以较小代价击毙击伤日军官兵80余名。1941年11月，他们在伊列克得北沟攻打敌26号车站，俘虏日伪军32名，缴获50多匹马、一大批粮食和日用品。接着，攻打扎敦河日本伐木公司，缴获的各种物资装满10多个马爬犁。冬，在炭窑棚与日伪军发生遭遇战，击毙日军30多人、伪警察10余人，缴获一批武器弹药、粮食、马匹和药品。11日，在鄂伦春猎民的带领下，第3支队指战员攻占日军占领的益昌公司，经过激战，俘虏据点全部敌人，解放200多名伐木劳工，处死日本大柜金清宪太郎，缴获万余斤粮油和一些武器弹药。在博克图伏击日军伐木柜房战斗中，击毙日军8人、俘虏6人，缴获许多枪支弹药和物资。1940～1941年，在王明贵指挥下，丛世和带领扎赉特分队在碾子山、扎兰屯、阿荣旗、阿尔山一带，一面发动群众，一面开展游击斗争，不时给日军以痛击，多次重创敌军。1944年初，担任抗联嫩江第 1 支队司令的夏尚志，亲率 80 多名抗联官兵到达醴泉县（今突泉县），发展中共党员和抗联组织，建立醴泉县抗联分队党小组，陆续选拔优秀进步青年 215 人参加抗联队伍。从 1944 年 11 月至 1945 年 7 月，醴泉县先后有 600 余人参加东北抗联，其中 303 人在抗战中献出宝贵生命。

第二节 “七七事变”后中国共产党在内蒙古中西部地区领导的抗日斗争

一、方针政策

（一）中共中央发出《关于蒙古工作的指示信》

1937 年 7 月 10 日，即“七七事变”后的第三天，中共中央发出《关于蒙古工作的指示信》（简称《指示信》），明确指出日本侵略者将大举向内蒙古中西部地区进攻，号召绥蒙当局与蒙汉人民动员起来抵抗日军的进攻，强调“一切指导蒙古工作的地方党组织与担任蒙古工作的人员，应当把发动蒙古民族抗日运动高潮当做今天第一等重要的任务和一切工作的中心”。《指示信》明确规定中国共产党在内蒙古地区的最高工作原则是“蒙汉联合抗日”，要求领导蒙古工作的地方党组织，在缓解蒙汉矛盾、促进蒙古民族内部的团结以及蒙汉团结方面，向国民党中央及地方当局进行统一战线工作，以团结蒙古各阶层人士到抗日战线上来。中共中央还制定出《抗日救蒙会行动纲领》，重申“全蒙人民团结起来参加对日抗战，援助绥东抗战”，实行“蒙汉联合抗日”等主张。

1937 年 8 月 25 日，中国共产党发表《抗日救国十大纲领》，强调在民族自决、民族自治的原则下，组织与武装少数民族共同抗日。

（二）内蒙古抗日民族工作总方针和基本政策

1938 年 1 月 3 日，中共陕甘宁特区委员会举行专门会议，讨论内蒙古工作问题。会议指出内蒙古工作的中心任务是发动蒙汉各族各阶层与全国人民一道，团结一致，共同抗日；进一步提出“蒙古平民王公团结一致抗日”“一切服从于抗日”等口号，并决定采取发动下层与联络上层相结合的方针，组成广泛的抗日民族统一战线。

同年10月，毛泽东在中共六届六中全会上阐述抗日民族工作的总方针和基本政策。总方针是:“团结中华各民族（汉、蒙、回、藏、苗、瑶族等）为统一的力量，共同抗日图存。”基本政策是:第一，允许蒙、回、藏、苗等各民族与汉族有平等权利，在共同对日的原则下，有自己管理自己事务之权；同时与汉族联合建立统一的国家。第二，各少数民族与汉族杂居的地方，当地政府须设置由当地少数民族人员组成的委员会，作为省县政府的一个部门，管理和他们有关的事务，调节各民族间的关系，在省县政府委员中应有他们的位置。第三，尊重少数民族的文化、宗教、习惯，不但不应强迫他们学习汉文汉语，而且应赞助他们发展用各族自己的语言文字的文化教育。第四，纠正存在着的大汉族主义。

同年11月16日，毛泽东指示八路军骑兵团进入伊克昭盟，要求该团以“蒙汉两民族团结一致抗日”“保卫绥远”的口号，发起与奔走各旗王公的联席会议，实现伊克昭盟各旗上层建立抗日统一战线，共同团结抗日。

（三）加强蒙古民族的工作

绥蒙地区蒙古族人数虽然只占绥蒙总人口的9.3%，但在绥蒙地区抗战问题上占有极为重要的地位。中共中央在对蒙古民族工作中，要求推动国民党有关各方面“从团结抗日与蒙汉平等联合的原则上，改变过去大汉族主义的政策，针对着蒙人的要求，针对着日寇的活动，具体解决蒙汉间一切冲突问题”，“蒙旗内部的事，由蒙人自己管”。在国民党统治的伊克昭盟要推动各方面帮助盟长沙王抗日，以影响和团结其他抗日王公和进步青年，争取受日军欺骗利用的王公和蒙族群众，深入宣传和组织蒙汉联合抗日。对于蒙旗混成旅（原蒙旗保安总队,也称蒙旗独立旅,后改称国民革命军新编第三师,简称新三师）“应该看到它（他）是内蒙民族中最先进的力量，最大的抗日军队，它的领导者白海峰（风）等也是内蒙民族中最前进的青年”。要帮助该部巩固和扩大，以他来联系王公团结蒙古族青年。在绥远敌占区，应尽力争取动摇和被迫、被欺骗附敌的蒙古王公和伪蒙古军，不应当简单地视为蒙奸来反对和打击，要考虑到蒙旗自己的力量薄弱而不可能抗拒日军的入侵，又无法随便离开原来的生活环境，允许其有两面派的态度和行为。对德王也应该提出“要求德王回头抗日”的口号，也要说服国民党友军和汉族群众对德王不采取敌对立场。八路军大青山支队要进行蒙古王公上层的统一战线工作，要尽力设法培养蒙古民族干部，有的送往陕甘宁边区培养，有的在当地培训。

（四）对绥蒙地区友军的工作

中共中央对绥蒙地区国民党友军工作提出明确具体的要求，指出：“要尽力争取一切友军，与我们亲密地团结抗日。”对傅作义、马鸿逵、邓宝珊、马占山和高双成等友军将士工作，提出不同要求。指出傅作义在绥远抗战中处于更为重要的地位。他是绥远省主席兼北路总司令，对其抗战坚决、思想前进，更应该帮助他巩固部队，扩大部队，团结蒙汉，一致抗日。对马鸿逵要用尽一切方法去争取联合，不使之走到与我敌对的方向。这在坚持绥远抗战、保卫宁夏、保卫西北上有着非常重要的意义。

（五）深入开展汉族群众的工作

绥蒙地区的汉族人口共 200 多万，占总人口的 87.7%。中共中央认为，汉族是绥蒙群众工作的主要对象，是开展群众性游击战争的主要力量，要通过发动组织汉族群众去影响推动和联合蒙古族群众共同抗日。要极力克服汉族中的大汉族主义，要真正以平等态度对待蒙古族，达到和平共处和团结抗日。要团结汉族各阶级共同抗日，既要说服地主减轻对农民群众的租债负担，也要说服劳动群众不要提出过高要求，实行抗战给养的合理负担。在国民党统治区域要拥护当地驻军领导抗战，不要提过左的要求。要联络、帮助群众自动组织起来的抗日游击队得到巩固与发展。在蒙旗地方的汉族聚居区不宜建立汉人行政制度，要用抗日救国会名义发挥群众团体和政权的双重作用以免引起蒙古族误会。

二、内蒙古中西部地区的抗日斗争

（一）“七七事变”前绥远地区中国共产党的组织

1929 年秋，受共产国际派遣，佛鼎、云泽（乌兰夫）与在蒙古乌兰巴托的奎璧、李森、三得胜等，组建中共西蒙工作委员会（佛鼎、云泽先后任书记）。佛鼎、乌兰夫、奎璧等回到绥远地区后，很快与在土默特旗农村隐蔽的中共党员贾力更、高布泽博、勇夫及先期从苏联回国的中共内蒙古特支委员云润取得联系。他们广泛开展群众工作。建立的革命组织，组织形式是 3 人一小组，9 人以上成立支部。不久，在绥远地区先后建立 30 多个支部，全体约有 500 人，游牧区人员占多数。并逐步从归绥、包头、土默特旗扩大到伊克昭盟准格尔旗、河套五原县及察哈尔各旗。1930 年，中共西蒙工委先后派共产党员贾力更、高布泽博、勇夫、高凤英、毕力格巴图尔、张禄等 30 多人到乌兰巴托学习培养。

1931 年 7 月，共产国际和中共中央从苏联委派王若飞、吉合、潘恩普三人回国，发展并领导西北地区的革命运动。王若飞在五原及包头附近农村搞调查研究。西路潘恩普在阿拉善旗被捕叛变。11 月，王若飞在包头被捕，随即被押解至归绥绥远监狱。王若飞领导在狱中的杨植霖、王建功、苏谦益、杨叶澎、韩燕如、杨国兴等共产党员和革命青年坚持斗争。12月，成立中共内蒙古特委。

1932年8月，中共河北省委派杨一帆到归绥，联络中共党员杜如薪、苏谦益等。1933年2月，组建中共归绥中心县委，杜如薪任书记。1932年6月下旬，绥远反帝大同盟成立，掀起绥远进步思想文化运动和反帝爱国斗争。9月15日，中共内蒙古特委发表《为纪念“九一八”一周年反对帝国主义进攻热河告蒙汉劳苦民众书》，成为内蒙古各族人民团结抗战的号召书。

“七七事变”前夕，为领导绥远地区的抗日救亡斗争，中共中央北方局于1937年5月间在太原领导建立中共绥远工委。绥远工委在北进绥远途中，因归绥、包头沦陷，遂迁往河套，后撤销。

（二）“七七事变”后绥远地区的中国共产党组织

1937年秋，中共少数民族工作委员会改由陕甘宁特区党委领导，驻地由定边迁到靖边县城张家畔。10月，中共中央和陕甘宁特区党委决定成立三边特委，以加强对陕西省三边地区、伊克昭盟和宁夏地区工作的领导。中共中央少数民族工作委员会合并到三边特委，白如冰任书记。

1938年4月，中共中央在三边成立蒙古工作委员会，不久改称中共绥蒙工作委员会。1938年11月22日，《中共中央关于绥蒙工作的决定》中确定：“以李支队的活动为中心，将大同至包头铁路沿线和大青山后直至后套一带，设立绥远省委，受北方局领导，省委委员暂决定白如冰、武新宇、刘遂生（即刘瑞森）、李井泉、赵通儒、于占彪、白成铭7人，以白如冰为书记。”同时决定在伊盟以红军陕北骑兵团的活动为中心，成立中共伊盟工委，由赵通儒任书记。

1941年3月，中共中央从延安派出100多名干部，由奎璧等带领，于同年10月到达大青山地区。1942年，绥察区党委、绥察行政公署机关与骑兵支队司令部转移到晋西北偏关。同年10月，中共中央晋绥分局任命高克林为绥察边区党委书记兼骑兵支队政委。10月24日，绥察边区党委与雁北地委合并，成立中共塞北区工委，领导绥远敌占区的工作，坚持大青山抗日游击根据地的斗争。

1945年，中国人民的抗日战争处在局部反攻阶段。为加强绥远工作和迎接全面反攻，2月17日，中共中央电复晋绥分局，同意在绥远成立中共绥蒙区委员会，并批准以高克林、姚喆、张达志、云泽、武开章、杨植霖、苏谦益、白成铭、曹振之、康健民为委员，高克林任书记。绥蒙区党委领导绥远蒙汉各族人民为彻底推翻日本侵略者在绥远地区的统治，迎接抗日战争的胜利，在绥远敌占区展开全面反攻。

（三）中共绥远区委基层组织及其抗日活动

1939年12月，中共绥远省委改称绥远区委，党的活动分河套、绥中、归陶、绥东四个区域。党的基层组织有中共河套特委，辖临河县委、五原县委、安北区委；中共绥中特委，辖萨拉齐县委、武川县委、托县区委、武固工委；中共归陶工委，辖武东县委、陶林县委、归武工委；中共绥东工委，辖凉城县委、丰兴县委、集丰工委。在中共河套特委划归陕甘宁边区党委领导后，绥远区党委下辖绥西地委、绥中地委、绥东工委和归绥工委、土默特旗蒙古工委。

中共绥远省委建立后的第一项工作为发展党的组织，在八路军游击活动的主要地区，在具有重要战略意义的城镇建立党的秘密组织或派出党员开展地下斗争。据1940年1月12日贺龙、关向应、白成铭在《关于绥远党工作情况的报告》中统计，1939年3～11月，绥远敌占区党员为582名，河套地区党员为560多名。绥远各级党组织和1000多名共产党员形成绥远抗日斗争的核心力量和先锋部队。

蒙古民族工作是党在绥远敌占区的一项特殊、重要的工作，也是党的中心工作之一。绥远省委成立后即着手开展蒙古民族工作，从组织上、人员安排上、方针政策上都给以重视。从省委到基层，从党组织到抗日政权，都有蒙古民族工作的专门机构，并以极大精力从事该项工作。1940 年后，选拔输送一批又一批蒙古族青年到延安培养训练，有的就地吸收参加部队和政权的抗日工作。在蒙古族群众中公开揭露日本帝国主义推行“满蒙政策”、企图分裂中国的实质和阴谋，使蒙古民族认清民族解放的道路。

绥远党组织注意发挥当地干部的作用，重视培养当地干部。抗战前的一大批当地干部熟悉社会、了解民情，既有群众基础，又有多种关系，是开展工作的极便利的条件。他们为发展党的组织、开展游击战争、建立抗日政权，特别是对于发展抗日民族统一战线起着重要作用。同时积极选送当地青年到延安或晋西北学习，大力培养当地干部，为开展群众工作、扩大抗日队伍准备了一大批骨干力量。

（四）内蒙古中西部地区地下交通站、情报站

集宁情报站 1934 年 2 月，吉雅泰、毕力格巴图尔和桂仲（后逃回蒙古）奉共产国际米夫委派回国，到集宁找到纪松龄，与旺力考

图 3–2 财神庙抗日活动联络点

夫联系，建立情报组。吉雅泰任组长，驻北平负责北宁线；纪松龄驻集宁，负责平绥线；毕力格巴图尔在集宁到包头一带，担任地下交通员。根据指示，纪松龄打入绥东四旗蒙古族抗日武装达密凌苏龙部任副官。

财神庙秘密活动联络点 位于归绥市（呼和浩特市）旧城区。系内蒙古中西部地区共产党人进行抗日活动的联络点（见图 3–2）。

三、其他抗日同盟活动与边塞少数民族的抗日活动

（一）绥远反帝大同盟

1932 年 6 月上旬，于伶、李佩衡、邸力等率领北平文化总同盟派出的苞莉芭剧社赴归绥公演，宣传抗日救亡运动。这次公演一方面是为绥远筹款赈灾，另一方面是奉河北省反帝大同盟的指示，帮助绥远地区建立反帝大同盟（见图 3–3)。6 月下旬，绥远反帝大同盟成立，

图 3–3 绥远反帝大同盟归绥旧址

领导人为杜如薪、马麟、苏谦益等。反帝大同盟成立后，组织读书会、宣传队，编辑出版《血腥》刊物，后改为《血星》，并在包头、固阳建立活动点。同时以中小学教员为主，以办报刊、讲演会为主要形式，宣传抗日救亡的重大意义，以读书会形式开展读书活动，启发、唤醒、教育人们开展抗日救亡运动。1933 年 4 月，反帝大同盟的工作重点由爱国学生运动转到发动与组织工农群众一同抗日，有计划地开展工运和兵运工作，分别在旧城小东街车厂、大有恒地毯厂、归绥火车站、面粉厂、毛织厂开展活动，同时在绥远省府卫队搞策反，在火车上散发传单，往警察身上张贴标语等。

1933 年 2 月，在中共河北省委领导下成立中共归绥中心县委，以加强党对绥远反帝大同盟的领导。在中共归绥中心县委的领导下，绥远反帝大同盟组织盟员学习党的刊物，扩大反帝爱国运动的宣传，并将反帝爱国运动由知识界向产业工人及士兵中发展，公开进行抗日宣传活动。绥远反帝大同盟还组织群众开展抵制日货的活动。这些活动引起绥远国民党当局的恐慌。同年，先后有一批共产党人和革命志士被捕入狱，归绥中心县委和绥远反帝大同盟遭到破坏。

中共归绥中心县委派人到包头、固阳一带组织反帝小组。侯清和为固阳县反帝小组负责人，朱葆光为包头反帝小组负责人。大同盟利用包头一中（绥远二中）教师讲课的机会，向学生宣传党的抗日救国主张，并在包头中学、小学进步的知识分子和学生中发展会员，建立基层组织。中共中央军委派共产党人杨一帆来包头领导大同盟工作。他指示包头地下党组织，要发动全民抗日，首先做好思想工作和宣传工作，注重培养青年学生中的积极分子。杨一帆在包头以中医大夫身份为掩护做了大量工作，不料被叛徒出卖，在包头中学被捕，同年夏牺牲在绥远监狱。1935 年 4 月，大同盟遭到敌人破坏，终止活动（见图 3-4）。

图 3-4　绥远反帝大同盟包头旧址

（二）宗教界抗战

“九一八事变”后，九世班禅从内蒙古东部赶赴西部，沿途宣传团结御侮大义，在百灵庙发出“抗日通电”，阻止德王与日本“合作”分离蒙古的阴谋。

1926～1935 年，九世班禅大师先后在 4 盟 30 余旗和数十座大小寺院，为蒙古王公和喇嘛、牧民等奉经弘法。特别是在“九一八事变”后，东北沦陷，内蒙古危急，他不顾身处逆境的危险，对蒙汉民众开诚宣化，排解民族纠纷，团结各族人民共同御侮。

1933 年 3 月 16 日，西陲宣化使九世班禅额尔德尼在绥远省乌兰察布盟百灵庙向国民党中央党部、国民政府、军事委员会发出“为日本侵犯榆热、宣化抗击祈祷胜利”的通电。内称：“班等宣讲国难中应尽之天职，化彼惶恐观望之心理，实行团结，共赴国难。……令饬各地蒙军加意防范，严守疆地，并密查敌方派来之蒙奸，俾免沦陷旗下，煽诱良民。”并“召集当地蒙藏喇嘛千余，自3月1日起在百灵庙虔诵藏经，恣施供养，建立法坛，祈祷和平，并追荐前方阵亡将士，藉佛力之加被，弭战祸于无形。一面力晓乌兰察布盟各王公贝子及附近贝勒有力之声援，收最后之胜利。”

（三）绥蒙各界抗日救国会

1939年夏，为发展抗日民族统一战线，中共归绥工委组织成立秘密的抗日群众团体绥蒙各界抗日救国会（简称“抗救会”），以蒙疆道教会为掩护，以吸收道教会会员为名通过亲朋好友和同学同事关系，秘密宣传抗日救亡，在各阶层中吸收会员。到1940年初，会员发展到200多人。抗救会在铁路、工厂、学校建立3个支部，刻印揭露日伪殖民统治罪行的宣传材料，号召同胞采取各种方式与日本侵略者做斗争。抗救会搜集日伪军事情报，转送到大青山抗日游击区，还为游击区抗日武装筹集所需物品，有力地配合大青山游击战争和游击根据地的工作。

（四）抗日民族统一战线工作

中国共产党在对国民党军队及伪军的统一战线工作中，坚持从实际出发，针对不同对象、采取不同方法的斗争策略。对“绥远民众抗日自卫军”采取既联合又斗争的方法。对韩伍伪防共2师晓以民族大义，激发爱国思想，并派出共产党地下工作人员长期隐蔽，从基层士兵起做策反工作。在农村抗日民族统一战线中，争取团结一切开明地主、士绅赞助抗日，争取伪乡政人员抗日，建立农民救国会等。在城镇中，则广泛争取爱国商人支持抗日和加强对知识分子的统战工作。不仅如此，中共中央还加强对日军战俘的统战工作，被称为“日本八路”的“在华日人反战同盟”也在内蒙古地区建立，福冈留从战俘到战友，户光略为八路军当翻译，渡边被宽大释放，是其中的成功事例。

（五）少数民族的抗战

在伊克昭盟地区，尤其是乌审旗和鄂托克旗开展的蒙古民族工作，对动员和组织蒙古族上层和普通群众参加抗日斗争起到很大作用。在绥远敌占区开展的蒙古民族工作也取得很大成效。蒙古族上层和民众积极参加抗日活动，例如，土默特总管荣祥取缔日特电台，筹集军需支援马占山部，退守榆林组织抗战；沙克都尔扎布（沙王）主持成吉思汗灵榇西迁和领导伊克昭盟各旗武装起义；那木济勒色楞亲王严词拒绝替日本人做事；孟克鄂齐尔等对大青山支队的支持；“二喇嘛”补英尔计支援八路军；策思德巴拉吉尔同日伪的斗争等，都让人钦佩。土默特蒙古族地方武装老一团及其团长李根车的剿匪与抗日，“八一一”伪兴安陆军军官学校葛根庙武装起义和其他蒙古族官兵的起义，表现出蒙古族人民对祖国的热爱和对日寇的仇恨。他们的抗日斗争业绩可歌可泣。

鄂温克族民众在抗战中表现突出。他们大力支持东北抗日联军，成为东北抗联最可靠的同盟军，协助抗联同日伪军警英勇战斗，涌现出许多抗日民族英雄。例如，坚强不屈的白温都格义、索伦游击队何宝明兄弟、堵击日军的得力格尔、怒骂日本军官的涂鹤龄等。

鄂伦春族民众为抗日大业捐躯，其中有陈号义屯薛和献身、通河县李宝太父子殒命、佳木斯元宝不幸牺牲、赵国志献身抗日事业等。许多鄂伦春人参加和协助东北抗联，其中有宪扎布、孟淑云夫妇坚持抗日，孟庆海、赵荣夫妇坚强不屈，丁理中、关丽华夫妇协助抗联，盖山、占珠梅父女帮助抗联等。

达斡尔族民众也踊跃抗战，其民族上层为反抗日本侵略者做出巨大牺牲。例如，郭道甫、凌升等不屈从日本侵略者的统治。达斡尔族普通民众为支援马占山、苏炳文和东北抗日联军的抗日斗争也做出重大贡献。

回族民众的抗日斗争也是内蒙古地区各族民众抗日的组成部分。1937 年 10 月，包头回民组成西北回民救国会，发表《告西北回民书》，强烈谴责日寇侵占包头、绥远，呼吁西北回民行动起来，“踊跃输将，自动捐助”，“来挽救国家和民族之危亡”。绥包失陷后，一支来自甘肃、宁夏的回民骑兵武装为阻止日寇西进和南下，在绥西坚持抗日。1938 年春，甘宁青抗敌救国宣传团组成，在包括绥远在内的西北各地开展抗日宣传工作，历时将近一年，发动回民捐献财物，踊跃入伍参战，推动西北回民的抗日救亡热情进一步高涨。1940 年 4 月，中国回教救国协会绥远省分会正式成立，有组织地进一步开展抗日斗争。抗战时期，回族人民参加抗战，开展救亡运动涉及社会各阶层，无论回族上层、宗教领袖、军政要员，还是普通回胞、老人、妇女、青年、学生，乃至士绅商人，都以各种方式与途径，在中共倡导的抗日民族统一战线旗帜下，积极表达他们的抗日立场，踊跃投入抗日救亡、争取民族解放的伟大洪流中。其中，粉碎日寇“蒙回互杀政策”、多伦回族群众支持抗日同盟军夺取多伦、抗议日军盗取回民坟地骨殖的斗争，是最典型的事例。

（六）新闻与文艺界支持绥远抗战

“九一八事变”后，中国共产党领导下的左翼文化艺术团体即派人来绥远宣传抗战。较著名的有沈逸千画笔当枪宣传抗日，陈波儿、崔嵬演出的《放下你的鞭子》，吕骥在归绥教唱救亡歌曲，绥远文艺界成立抗敌协会，顾颉刚以通俗读物参与抗日，范长江风餐露宿塞上行去报道塞外救亡运动，《蒙古报》宣传抗日，吉雅泰编导《新花木兰从军》，“马背上的报社”——《绥蒙抗战》报出版问世，等等。

四、抗日武装的主要军事活动

（一）百灵庙军事暴动

中共西蒙工委书记乌兰夫从百灵庙自治运动开始，即一直关注其发展趋向。蒙政会保安队招募士兵时，即乘机派一批中共党员到保安队当兵，组织动员一批土默特旗蒙古族青年和被国民党遣散的老一团官兵应征入伍。中共党员纪松龄亦动员一批察哈尔进步青年到保安队任职或当兵。1935 年 10 月，红军长征到达陕北的消息在百灵庙中共党员和进步官兵中产生重大影响。1936 年 2 月，德王公开投降日本。云继先、朱实夫、赵诚等向中共西蒙工委报告德王投日情况。乌兰夫指出，只要德王在日本操纵下搞起蒙古独立运动，举行军事暴动的时机就成熟了。18 日，云继先、朱实夫等决定举行军事暴动。21 日 23 时 30 分暴动开始。云继先、朱实夫分头做好部署，分 5 路同时行动。云蔚首先快速袭击“蒙政会”稽查处，击毙李凤诚，打开军械库，分发武器弹药，武装暴动士兵。其他各路也分别行动，打开看守所，解救被关押士兵；捣毁电台；袭击“蒙政会”保安处干部训练班；解除乌滂守备队教官和学生的武器；包围“蒙政会”驻会官员的住地，解除其武装，讲明举事之缘由。暴动成功后，将暴动部队编为 4 个中队，连同赞同暴动的“蒙政会”文职人员近 1000 人，冲出百灵庙，开往土默川。25 日，云继先、苏鲁岱、贾鸿珠、任秉钧、康济民 5 人领衔，联名在归绥发表起义通电，宣布脱离德王，爱国反正，投身抗日（见图 3–5）。1937 年初，乌兰夫利用傅作义组建蒙旗保安总队的机会，在保安总队内建立共产党地下委员会，担任党委书记，秘密开展工作，以保证这支蒙古族武装执行团结抗日的政治路线。

全国抗战爆发后，蒙旗总队改编为蒙旗独立旅，乌兰夫担任该旅政治部代理副主任，并担任共产党地下党委书记，贯彻中共抗日救国

图 3–5 百灵庙暴动

十大纲领，为该部成为蒙古族中最大的抗日武装起到重要作用。1938年初，蒙旗独立旅开赴伊克昭盟，5 月改编为国民革命军新编第 3 师，乌兰夫担任政治部代理主任、共产党地下党委书记，并按八路军建制在部队建立一整套政治工作系统，开展部队政治思想工作和地方群众工作，使新 3 师在极其困难的条件下，长期在鄂尔多斯高原坚持抗日斗争。1939 年春至 1941 年夏，乌兰夫配合新 3 师师长白海风指挥部队，多次击退日伪军对伊克昭盟的进攻，保卫陕甘宁边区的北大门。

（二）扒子补隆垦区的抗日武装

1934 ~ 1935 年，东北籍国民党中央委员朱霁清向国民党政府申请到 5 万元经费，在河套安北县扒子补隆（今乌拉特前旗新安镇）创办绥远和硕公中垦区（也称“东北垦区”“东北新村”）。“九一八事变”后，东北义勇军的一部分官兵及其家属流亡到绥远地区。朱霁清将流亡来的义勇军官兵及家属安置在垦区内，还安置有一些山东来的贫苦农民和东北流亡学生。1935 年秋，中共中央北方局派苏梅到垦区，建立垦区特别支部。“一二 · 九运动”后，平津地区 100 余名学生响应中共“到农村去发动群众，开展抗日救亡运动”的号召，分批到达扒子补隆垦区，以垦荒种地为掩护，积蓄力量，待机抗日。

中共北方局派李葆华主持组建中共垦区工委，代替原垦区特支的工作，团结垦区民主人士，广泛开展抗日救亡运动。开办农民夜校，对附近农民进行抗日救亡宣传教育，并适时吸收骨干分子入党。建立图书馆，组织学习班、文艺宣传队，启发垦区青年的革命觉悟，鼓舞义勇军战士树立抗战必胜的信心。

1937 年 7 月，中共中央北方局在太原组建中共绥远省工作委员会。他们从太原北上绥远到达包头时，归绥已沦陷，遂抵河套东北垦区。10 月 19 日，中共绥远省工委组织 20 多名共产党员，在王志成等带领下，举行武装暴动，采取突然袭击，先将垦区办事处警卫股缴械，得到十来支枪，接着又以“借”的名义，将附近“河北新村”的 40 余支枪缴获，然后召开垦区群众大会，宣布抗日救国，很快控制住局势。翌日，在李衡、王德带领下，垦区暴动队伍开始成立抗日民族先锋队。抗日民族先锋队下设 4 个中队，共 150 余人，其中共产党员 50 多人，是中共在河套地区创建和领导的第一支抗日武装。1938 年 1 月，抗日民族先锋队经伊克昭盟东胜到达山西河曲，与在府谷哈拉寨的乌兰夫、纪松龄取得联系，补充武器和人员后，进入晋西北抗日根据地，被编入八路军 120 师，在白乙化率领下开赴平西抗日前线。

（三）蒙古抗日游击队

蒙古抗日游击队的组建　1940 年初，中共绥远省委和蒙绥游击支队司令部决定在土默特旗组织一支蒙古族抗日游击队，由土默特工委书记贾力更负责筹建，配合八路军大青山支队打击日伪军。

贾力更、李森、李才（云浦）等发动群众，以察素齐、塔布子村十几个蒙古族青年农民为骨干，组建成蒙古族抗日游击队，由李森任队长，贾力更任政治指导员。蒙古抗日游击队组建后，经过短暂训练，即在南平川与萨拉齐县游击队一起开展抗日工作。中共土默特工委将游击队员分成 4 个宣传动员小组，走村串户，利用蒙古族亲友关系宣传抗日，控诉日伪军和土匪罪行，讲述中共和八路军抗日主张，动员蒙古族群众送子弟参加游击队。游击队很快扩充到 40 多人。绥察独立第 2 支队司令员于占彪拨给蒙古抗日游击队一个班战士，携带枪支弹药，作为游击队骨干，并调其警卫员徐秉智接替贾力更，担任政治指导员。李井泉又拨给游击队 30 支步枪和一部分子弹。加上游击队从小股敌人手中缴获的武器和收集散藏民间的枪支，以及从伪蒙古军、伪保甲自卫团购买的枪支，蒙古抗日游击队得以巩固和发展（见图 3–6）。

蒙古抗日游击队的抗日斗争　游击队组建后，在李森带领下，逐

图 3–6　发展壮大中的蒙古抗日游击队

步成为绥西地区实力较强、战绩突出、影响较大的抗日游击队。大青山中段的山前山后，广阔的土默川，到处留下这支抗日武装的足迹，不仅多次配合主力部队作战，而且出色地完成独立作战任务。

蒙古抗日游击队配合萨拉齐县游击队，将盘踞在美岱召一带谢大旗股匪打跑，队伍发展到 60 多人。不久，蒙古抗日游击队配合八路军骑兵支队第 3 团，攻入萨拉齐县缸房营子天主教堂，散发《为袭击缸房营子告同胞书》，惩治与官府、富豪、土匪勾结，鱼肉百姓的神父路易十二，消灭反动的教堂民团（自卫团）七八十人，使其不敢再破坏抗日宣传和在周围村庄为非作歹。1940 年秋，李森由于身体原因调延安学习，土默特旗工委调高凤英担任游击队队长。游击队更加灵活机动，经常昼夜奔袭，战斗频繁。一次，蒙古抗日游击队与和林游击队一起，夜袭和林县陈家一间房村，消灭伪军胡连奎骑兵团约 200 人，缴获一批枪支、马匹。

高凤英，1909 年出生在土默特旗保合少村（今属呼和浩特市郊区），取名云吉祥，蒙古名德勒登，又名道尔吉。1929 年，任佛鼎的交通员，同年加入中国共产党，后赴蒙古学习。1935 年回国，担任国际交通员，与吉雅泰、毕力格巴图尔配合，多次出色完成党组织交给的任务，"高凤英"即是这时使用的化名。1936 年，高凤英与王建功、刘洪雄在保合少建立中共支部，任宣传委员。"七七事变"后，高凤英与刘洪雄、杨植霖等在滕家营村组织抗日开路先锋队。后队伍被打散，高凤英潜入归绥，与刘洪雄、杨植霖等以"大青山抗日总司令部"名义为号召，策反伪军一个排，拉入大青山哈拉沁沟打游击。1938 年春，高凤英化装成农民进归绥市购买机枪配件时被逮捕，在伪土默特总管署常科长帮助下获释后，带领原抗日开路先锋队部分队员加入抗日团，在大青山打游击。高凤英在抗日团负责政治工作和对外联络，加强中共对该抗日武装的领导。抗日团与八路军大青山支队会师改编后，高凤英随队参加了一系列战斗。是年冬，大队部崔副官与3连长密谋率队叛变，高凤英与杨植霖配合，平息叛乱，保全了部队。

1939年上半年，高凤英奉派到归武边区地方动委会做群众工作，活动于奎素沟一带。1940年春，高凤英接替李森任蒙古抗日游击队队长（人称云队长）后,同时任中共土默特蒙古工委委员。任职期间，既带领队伍打游击，又从事统战工作和群众工作。他还带领队员们在万家沟进行严格的军事训练，总结出山地作战一整套方法。

1941年初，蒙古抗日游击队在万家沟军训，队员共37人，分3个班。除夕晚上，蒙古抗日游击队与和林游击队、归绥游击队联合，袭击并全歼归绥县第1区忠义乡保甲团，为民除害，群众称快。春节后，与和林县游击队合并，仍称蒙古抗日游击队（队长高凤英，支部书记毛汉英，指导员许秉智），共有队员120多人。7～8月，蒙古抗日游击队与和林县游击队配合作战，夺取归绥城西南耿家营子、后营子伪蒙古军军马数百匹，将队伍改建为骑兵，并支援大青山骑兵支队战马200余匹（见图3–7）。

1941年下半年，大青山抗日游击根据地的斗争进入最艰苦时期。高凤英带领蒙古抗日游击队担负掩护中共绥察区委、绥察行署机关和绥西地委、专署的任务，经常活动于绥西万家沟一带。10月，党组织将筹集过冬给养的任务交给蒙古抗日游击队。高凤英一行十余人从武川三道坝一带顺沟而下，打算与分头执行任务的奇俊山等人会合。随行有中共绥察区委社会部部长王聚德。26日，高凤英一行宿于小火烧的窑洞中。翌日，高凤英赶到杨树湾，参加由白如冰主持的工作会议,会后返回宿营地。当晚,陶思浩据点日军根据叛徒胡定良的报告,出动12辆军车,满载日伪军,赶到万家沟,将小火烧包围。28日清晨,日伪军发动攻击。高凤英、王聚德断定被敌包围，迅速烧毁身边所有文件，做好最坏准备。在敌人火力的严密封锁下，高凤英镇定地指挥

图 3–7　大青山蒙古抗日游击队在警戒敌人

队员们奋力打退敌人的一次次进攻，战斗持续到中午，手榴弹扔完，子弹打光。高凤英头、胸、腹部各中一弹，王聚德等人也倒在血泊中。这次战斗，除事先下山的两人外，高凤英、王聚德等 12 人全部牺牲。

高凤英牺牲后，到年底，蒙古抗日游击队再度与和林县游击队合编，改称察绥独立第 2 支队 1 连，由许秉智任连长，毛汉英任党支部书记，成为绥察行署绥西地委警卫连，正式列入八路军建制。

五、大青山抗日根据地的斗争

（一）八路军挺进大青山

大青山为内蒙古中西部阴山山脉的中段，东西长 350 多公里，南北宽 50 多公里。大青山前为著名的土默川平原，历史上先后称作云中川、敕勒川、丰州滩，是广阔肥沃的米粮川。在土默川上有横贯东西的平绥铁路，成为连接华北和西北的重要纽带，在抗战中对敌我双方都具有重要的战略意义。

1937 年 11 月 15 日，中共中央北方局作出《关于目前形势与华北党的任务的决定》，提出要独立自主地开展华北抗日游击战争，建立统一战线的民主的抗日政权与新的抗日武装；在各抗日游击根据地要成立边区政府、军区司令部及改造与建立各县、区、乡政府；同时要建立工会、农会、民先、妇救会等群众组织，使之成为群众运动的直接领导机关。

1938 年 5 月，中共中央军委电令八路军 120 师派主力一部挺近绥蒙地区，开辟绥远大青山抗日根据地。6 月，八路军第 120 师 358 旅 715 团、师骑兵一连及第二战区民族革命战争战地总动员委员会游击第 4 支队组成大青山支队。7 月 15 日，八路军总司令朱德发出进军大青山的命令。7 月底至 8 月初，大青山支队 2300 余人开始向大青山进军。由于日伪军围追堵截，主力部队经过两次北上于 9 月初才得以进入大青山腹地武川县大滩一带。10 月初，担任掩护任务的大青山支队 1 营越过平绥路与主力部队会合，推进大青山任务胜利完成(见图 3-8)。

1938 年 9 月 3 日，大青山支队夜袭陶林县城，歼灭伪军一部。9 日，攻占绥中重镇乌兰花，俘虏伪蒙古军第 7 师一个加强连和四子王旗保安队 180 余人。中旬，在归（绥）武（川）公路蜈蚣坝上伏击日伪军，击毁敌军车 4 辆，毙伤日伪军 80 余人。尔后，又兵分两路，一路挺进绥西，一路挥师绥南。在李井泉的指挥下，支队 3 营、2 营 5 连、4 支队 2 连及总动委会部分干部进入武川、萨拉齐、固阳三县交界的后脑包、官地一带，开辟绥西游击区。在后脑包与前来围剿的日伪军激战一天，击退敌数次进攻，首战告捷。不久，3 营又先后取得陶思浩、石拐镇两次战斗胜利。陶思浩一战毙伤日伪军 100 余人，石拐镇一战俘敌 300 余人。绥西三战后，形成以巴总窑子为中心，归武公路

图 3–8 李井泉率大青山支队挺进大青山，开辟抗日游击根据地

以西，包括武川县、归绥县西部，萨拉齐县、固阳县全部，托克托县部分地区和包头以东地区的绥西游击区。开赴绥南的支队 1 营 3 连、4 支队 1 连和部分总动委会人员，以蛮汉山为中心，活动于平绥铁路以南，包括凉城县、清水河县、和林格尔县及归绥县、托克托县、丰镇县的部分地区。至此，大青山支队相继开辟绥中、绥西、绥南游击区，初步建立起大青山抗日游击根据地。

（二）组建大青山骑兵支队

1938 年 11 月 22 日，中共中央决定成立中共绥远省委，以大青山支队活动区域为中心，领导绥远敌占区及河套一带的工作。12 月，大青山支队 715 团主力东进冀中，留下部分兵力与 4 支队、动委会人员坚持大青山抗日游击战争。1939 年夏，根据大青山地区的地理环境和对敌斗争的需要，大青山支队通过缴获、购买和群众捐献等多种方式，逐步充实马匹和鞍具，改建为骑兵支队（支队长李井泉、副支队长兼参谋长姚喆、政治部主任彭德大），队伍发展到 1500 余人，战马1471匹。是年冬至1940年春，骑兵支队将所属部队整编为3个营，成立骑兵支队司令部（司令员姚喆、副司令员陈刚、参谋长张成功、政治部主任张达志）。1940年冬，骑兵支队奉命将3个营扩充为3个团。1941年12月，4支队改建为骑兵，编为大青山骑兵支队独立营（营长兼政委黄厚）。在环境艰苦供给困难的条件下，骑兵支队坚持开展大青山地区游击战争。1938年9月至1940年1月，共与日伪军交战120余次，击毙日军1000余人、伪军500余人，俘虏伪军500余人，缴获枪支500余支，击毁敌军车50余辆，并多次破坏敌电台、桥梁、铁路等设施。1940年，日军对大青山及各根据地发动十几次扫荡。据不完全统计，骑兵支队与敌进行大小战斗95次，毙、伤日伪军794人，俘虏日伪军193人，缴获了一大批枪支战马。

（三）扩大、巩固根据地

1938年8月31日，八路军120师第358旅715团、第二战区战地总动员委员会、晋察绥区委员会部分干部和太原成成中学师生组织的大青山支队，共2500余人，在李井泉率领下，从晋西北平鲁等地出发冒雨从旗下营与三道营之间越过平绥铁路，突破敌防线，进入武川县境内（见图3-9）。9月1日，到达大青山腹地。

李井泉支队与大青山杨植霖为首的蒙汉人民骑兵队会师后，共创大青山抗日根据地。1938年9月，大青山地区第一个区级动委会——武川县三区动委会在大滩成立。此后，绥西动委会、绥中归武陶动委会、绥南归凉县动委会、绥东动委会相继成立。1939年12月，根据中共中央关于逐步把动委会过渡到抗日民主政权的指示精神，绥西武归县、萨固县、萨托县政府先后成立。1940年，绥中归武县、陶林县，绥南归凉县政府亦相继成立。接着，又成立绥西、绥中、绥东专员公署。是年8月，绥远敌占区各族各界各党派抗日力量代表会议（也称绥察人民代表会议）在武归县小西梁村召开，成立晋绥第二游击区行

图 3-9 刘镛如领导的由山西太原成成中学学生组成的抗日游击队第四支队挺进大青山

政公署驻绥察办事处，批准成立绥西、绥中、绥南 3 个专员公署和萨拉齐、固阳、武归、陶林、归武、托和清、归凉、丰集、丰凉 9 个抗日民主县政府，正式取消动委会。1941 年 4 月，晋绥第二游击区行政公署驻绥察办事处正式改建为绥察行政公署，辖 4 个专员公署，成立一批县、区基层抗日政权。10 月，公布《绥察行政公署施政纲领》，明确提出绥察抗日政权的性质、任务、施政方针和一系列政策。

同时，地方抗日武装不断发展壮大，各县区政权大部建立游击队，并组织群众成立游击、锄奸、侦察小组。游击队担负起锄奸、放哨、侦察、袭击日伪军，破坏敌通讯设施，掩护党政工作人员，征收抗日物资等任务。1940 年夏，为加强对各地游击队的统一领导，中共绥远区委将各县游击队改编为绥察独立第 2 支队，绥西、绥中、绥南游击队分别改编为第 1、2、3 大队，协同主力作战，配合地方政权开展群众工作，保卫党政机关，成为坚持大青山抗日游击战争的一支生力军。

1941年，日伪军对大青山根据地实行军事扫荡、经济封锁、治安强化等措施，并在农村实行空前野蛮的“三光”政策。3月，为适应新形势需要，中共晋绥边区委员会改组为中共绥察边区委员会（书记白如冰），辖绥西、绥中、绥南3个地委。8月，绥察边区委员会将骑兵支队化整为零，以连队为单位开展游击活动。同年，骑兵支队与敌交战108次，毙伤日伪军394人，缴获枪支战马甚多。以王瑜山为团长的骑兵支队司令部绥东工作团经过近一年的艰苦努力，开辟绥东游击区，在西起陶林、集宁，东起兴和、商都，南到丰镇，北抵土牧尔台广大地域内分别建立起3支游击队，队员200余人，并建立起3个区政府。1942年7月底，日伪军出动优势兵力，分5路向绥中游击区推进，试图一举围歼大青山抗日游击根据地党政领导机关和骑兵2团。在日伪军强大攻势下，为保存实力，大青山抗日游击根据地党政领导机关及骑兵支队第1、2团，相继转移到晋西北偏关、雁北。在十分困难的条件下，绥西党政军领导机关和骑兵第3团继续坚持斗争。是年，日伪军数次大规模的扫荡，使大青山以及根据地的人力、物力、财力受到严重损失。

1942年，绥中有9支游击队、200余人，绥南游击队有360多人，绥西也有几小股游击队。1943年春，中共塞北工委采取一系列措施，恢复大青山抗日游击根据地，陆续派遣骑兵部队、武工队和工作组进入大青山地区，开展多种形式的对敌斗争。塞北军分区骑兵1团从右玉回师蛮汉山，骑兵2团从偏关进入绥南，并逐步向绥中发展。在困难环境中坚持绥西斗争的3团，游击活动范围也逐步扩大。到1944年8月，大青山抗日游击根据地基本恢复到1942年敌人大扫荡前的局面，同时还开辟了和林、清水河等新的游击区。绥中、绥西、绥南3块游击区的联系重新打通并得到发展。1945年2月，晋绥军区八路军发动春季攻势，大青山和雁北地区转入局部反攻阶段。在为期70

天的春季攻势中，塞北区八路军在绥西、绥中和平绥路以南连续攻占多处日伪军据点，迫使整个大青山地区日伪军兵力集中到铁路沿线的重点城镇。6月中旬，晋绥根据地八路军又发动夏季攻势，塞北军分区部队在平绥路南北两线向敌人展开进攻和围挤，在绥西、绥中、绥南相继收复一批据点。7月，敌人被迫从绥中、绥西撤除21个据点，归绥城内只有日军300人，主要依靠1000余名伪军支撑局面。在反攻阶段到来时，大青山地区成为战略反攻和配合苏蒙联军作战的重要战场。2月，中共中央将塞北区工委改组为绥蒙区委员会，辖绥中、绥西、绥南地委。7月，绥蒙政府成立，同时塞北军分区改为绥蒙军区，所属部队有骑兵旅、骑兵1、2、3团，步兵9团、27团，偏清支队、骑兵大队、步兵2营、教导第3队及一些武工队、游击队等。此外，绥中、绥西和绥南党政军领导机构也得到加强和充实（见图3–10）。

（四）开辟大青山抗日游击区

开辟绥中游击区 1938年7月间，中共中央军委部署开辟大青山抗日游击根据地时指出："八月挺进大青山，进入大青山后，应先

图3–10 大青山抗日游击根据地得到加强和充实

以主力进入归绥、武川、陶林、集宁之间地区，另以一个营活动于平绥路南，以保证大青山与雁北的联络。”这里所说“归绥、武川、陶林、集宁之间地区”，在抗战时期划分为绥中，即归武公路（归绥至武川，下同）以东，平绥铁路以北，集宁至土牧尔台一线以西地区。大青山支队、总动委会、第4支队进入大青山后，首先立足于绥中中心地区大滩一带。官兵们住窑洞，吃野菜，历时8年，过着极其艰苦的生活。（见图3-11、图3-12）

陶林县城（今乌兰察布市察哈尔右翼中旗政府所在地科布尔镇）位于绥中大滩以东百余里，约有1000余户居民、50多家商号，为集宁以北贸易集散地，日军设有较大据点，除伪陶林县政权机关外，驻

图3-11 大青山德胜沟抗日根据地八路军使用的磨盘

图3-12 大青山德胜沟抗日根据地旧址

有1个日军中队、3个伪军中队，共500多人。9月3日凌晨，李井泉亲率第2、3营从大滩出发，向陶林方向运动，傍晚到达陶林县城西南10余里乌兰合页山地隐蔽。夜12时开始攻城。

第3营10连首破北门，攻入城中消灭伪军一部，其余逃散。日军据守碉堡，未及攻下。为避免腹背受敌，在得知日军增援后，第2、3营撤出县城。八路军夜袭陶林县，揭开大青山抗日游击战争的序幕，为开辟绥中游击区打开局面。

乌兰花位于陶林县城西北百余里、武川县东北百余里、四子王府以南20里，有200多户蒙汉族居民和30多家商户，驻有装备精良的伪蒙古军第7师一个加强连及部分旗保安队。1938年9月8日，李井泉、王尚荣率领第2、3营和骑兵连，在天黑赶到镇外。部署由3营负责主攻，2营堵截逃兵，骑兵连警戒并阻击武川方面援敌。翌日凌晨，3营突发进攻，将伪蒙古军和保安队180余人全部俘虏，缴获机枪9挺、长短枪80余支战马100多匹、和一批弹药。部队进入乌兰花镇，开展多种宣传动员工作，蒙汉群众深受鼓舞。在阐明八路军的俘虏政策和抗日救国主张后，将俘虏的四子王旗保安队官兵全部释放，退还其枪支马匹，俘虏的伪蒙古军没收枪支弹药和马匹后全部遣散。各族群众杀羊烙饼慰劳大青山支队。大青山支队撤出乌兰花镇后，绥远民众抗日自卫军第14团乘机进入该镇。大青山支队派出两名干部连夜赶到乌兰花，向第14团团长赵青山说明支队撤出原因和对抗战的利害关系，要求自卫军严格纪律，团结蒙汉群众共同抗日。14团接受大青山支队代表的劝告和建议，撤出乌兰花镇。

由归绥通往武川山道上的蜈蚣坝（蒙古语“敖根达巴”，意为圣岭），距离归绥17公里，驻有一个伪警察小分队。1938年9月下旬，大青山支队第2营在营长唐金龙的率领下，从井儿沟出发，由当地群众担任向导，翻山越岭到达蜈蚣坝附近，趁夜包围伪警察小分队，俘获全部伪警察，切断电话线，将老爷庙旁一座公路小桥破坏后加以伪装，两个连埋伏在坝顶老爷庙戏台后担任正面伏击，一个连埋伏于公路两侧担任掩护和策应，并阻击敌增援部队。翌日凌晨，从归绥开来4辆满载日军的汽车，爬上坝顶，进入2营伏击圈。第一辆汽车过桥时栽到山沟，车毁人亡，其余3辆汽车遭到2营密集火力射击。二营仅用25分钟，全歼日军80多人，其中击毙日军少佐1人，缴获机枪9挺、掷弹筒5个和一批枪支弹药。日军与大青山支队交火时放出信鸽求援。不久，即有十几辆满载援军的汽车相继爬上坝来。大青山支队第3营又以猛烈火力击毁第一辆汽车，使公路被堵，日军无法组织进攻。第3营趁机撤出阵地，向井儿沟转移。

1938年11月22日，中共中央发出《中共中央关于绥蒙工作的决定》，对绥远敌占区，包括国民党统治区河套、伊克昭盟的工作进行全面部署，提出："是要以我们正确的扶助境内少数民族解放政策，去帮助各方消除蒙汉间的对立；是要以我们坚持抗战的模范作用，去提高蒙汉军民王公官吏抗战必胜的信心；是要广大地展开绥蒙抗日游击战争，把绥蒙全境造成敌人不可征服、不能巩固统治的游击区，逐渐在将来敌我力量的变动中，形成坚强的抗日根据地，形成我反攻阶段的前进阵地。"为实现上述任务，中共中央特别强调要在绥远敌占区建立广泛的抗日民族统一战线。11月24日，毛泽东等中共领导致电李井泉，给予具体指示。电报中说："大青山北靠外蒙，敌正重视，察热游击战争尚未开展，又形孤立，欲在那里建立晋察冀型的根据地，在今天则不可能，但坚持长期游击战争，建立游击根据地，完全可能，而且是中心任务。"

开辟绥西游击区　乌兰花战斗后，大青山支队到达武川县西南大青山深处的井儿沟，召开支队党政干部会议后，决定兵分三路，一路留在绥中，一路挺进绥西，一路挥师绥南。在李井泉的指挥下，大青山支队第3营和2营5连、第4支队2连及总动委会部分干部挺进绥西，开辟绥西游击区。

绥西即归武公路以西，包括武川县、归绥县西部，萨拉齐县、固阳县全部，托克托县一部和包头以东地区。西进部队进入武川、萨拉齐、固阳3县交界处的后脑包、官地一带。日军闻讯，调集37辆汽车，满载部队和武器弹药，顺固阳至武川公路向东进行阻击。由第2营5连掩护机关向九峰山转移，3营面对4倍于己的日军，进行抵抗，在后脑包激战一天，击退日军数次进攻，毙敌200余人，首战告捷。

陶思浩为平绥铁路绥包段的一个火车站，有200多户居民，镇内驻有日军1个小队、伪军1个连，约150余人，分住两个大院。在王尚荣率领下，第3营急行军从美岱沟下山，直奔陶思浩车站，12连先占领火车站，9连和10连分头突入日伪军住的大院，将日伪军全部歼灭，缴获机枪1挺、长短枪数十支、子弹数万发以及一批日伪军军服、大烟土、粮食等物资，活捉伪镇长。经过做工作，伪镇长表示弃暗投明，将功赎罪，立即动员商贾捐献抗日物资，募集银圆数千元、蒙疆伪钞和关金钞票数万元、马数十匹、粮食数十石。石拐镇位于包头东北45公里石拐沟煤矿区，居民多为矿工及家属，驻有伪蒙古军一部及1个伪保甲团。夜袭陶思浩后，第3营昼夜兼程，奔袭石拐镇。全营官兵趁雨夜摸进镇内，用半个小时结束战斗，俘敌300余人，打死打伤100余人，缴获长短枪300多支和大批子弹、战马、烟土等物资及1部电台。经过教育，将被俘的伪蒙古军驻石拐煤矿代表刘振东及伪军、伪保甲团全部释放。1938年11月末，第3营10连改称八路军挺进支队（包盛标任支队长兼指导员），从巴总窑子出发挺进土默川，在萨拉齐县、托克托县开展对“自卫军”第5路和各方面的统一战线工作，发动群众参加抗日战争。查明从大青山经土默川渡过黄河后由伊克昭盟到延安的路线。通过平川工作把大青山游击区与土默川连接起来。之后，美岱召成为大青山支队山区与平川的联络点。在群众的帮助下，挺进支队由步兵装备为骑兵。

激战后脑包、夜袭陶思浩和石拐镇，八路军在绥西三战三捷，打开了工作局面。总动委会和第 4 支队密切配合部队开展群众工作，建立起区、乡、村 3 级动委会和救国会等群众团体，形成以巴总窑子为中心，归武公路以西，包括武川县、归绥县西部，萨拉齐县、固阳县全部，托克托县部分地区和包头以东地区的绥西游击区。部队供给得到补充，大批青年踊跃参加八路军，地方游击队开始组建。大青山支队还组建了一个平川工作队，从白石头沟下山到百只户村，在西起陶思浩、东到察素齐的沿山地区和铁路两旁开展群众工作，组织动委会和救国会等抗日团体，与坚持地下斗争的贾力更等共产党员接上头。

开辟绥南游击区　绥南即平绥铁路以南，以蛮汗山为中心，包括凉城县、清水河县、和林格尔县全部及归绥县、托克托县、丰镇县的部分地区。

乌兰花战斗后，1938 年 10 月中旬，大青山支队第 1 营 3 连、游击第 4 支队 1 连和部分动委会工作人员，在第 1 营副营长邹凤山等人的率领下，回师蛮汗山，开辟以蛮汗山为中心的绥南游击区。

蛮汗山区日军据点不多，但大、小股匪和伪军危害甚烈。第 1 营 3 连重返蛮汗山后，分为三五人一组，与动委会、第 4 支队 1 连一起，分头深入各村庄进行宣传，很快站稳脚跟，绥南游击区得以开辟和巩固。此后又消灭肖顺义、杜永胜、王兰根、“干豌豆”、“红公鸡”等长期扰民的绥南土匪武装，并用缴获的战马枪支将在绥南开辟游击区的步兵装备成骑兵，成为大青山支队组织骑兵的开始。到 12 月，八路军北上敌后建立大青山抗日游击根据地的任务，以绥中、绥西、绥南游击区的相继开辟为标志而胜利完成。

（五）伊克昭盟抗日政权

1937 年 10 月，中共中央和陕甘宁边区党委决定撤销中共中央少数民族工作委员会，再次成立三边特委、三边专署和保安司令部，以加强对三边、伊克昭盟和宁夏工作的领导。1938 年 10 月，驻伊克昭盟的八路军警备骑兵第 1 团活动范围逐步扩大，延伸到包头以西的中滩一带。同年 12 月，中共中滩工委在乌拉特前旗中滩地区组建起百余人的抗日武装，称八路军大青山联络支队中滩中队。中共中滩工委主持召开中滩各界民众抗日动员大会，建立四区（中滩）抗日民主政权。

1939 年 11 月，鄂托克前旗三段地（见图 3–13）苏维埃政府改为三段地抗敌后援会，总会设在东壕孙家院内，主任高谦，组织宣传股长田万生，军事股长杨文治，锄奸股长高谦兼，青年股长张予珍（代）。

（六）抗日游击政权建设

动委会 1938 年 9 月，八路军大青山支队在绥中、绥西、绥南

图 3–13 位于鄂尔多斯市鄂托克前旗的三段地工委旧址

开展游击战、开辟游击区过程中，动委会工作人员分成若干小组，在游击战地区迅速开展群众工作，宣传和动员群众参加抗日，并很快建立一批县、区、乡动委会组织，成为开展大青山抗日游击战争一支重要力量和后勤供给部门。9 月 21 日，在绥中大滩成立武川县三区动委会。动委会组成充分体现了动委会组织的性质，除总动委会派出干部外，还大批吸收包括乡邻间长、有威望的绅商富子、开明地主士绅、农民代表、知识分子、当地驻军代表、少数民族代表、喇嘛代表等各族各阶级各界人士参加。经过民主协商，选举出各方人士组成区动委会，下设组织、宣传、分配、武装、总务等部。武川县三区动委会成立后发动群众，动员人力、物力、财力，支援八路军抗战，扩充抗日队伍，组织地方游击队，开展群众性游击战，配合部队打土匪，保护群众利益。八路军进入大青山时适逢寒冬，征集部队冬衣、粮食成为紧迫任务。动委会按照“有钱出钱、有人出人、有力出力、有马出马、有粮拿粮”的原则，由乡村动委会进行动员征集。数月之内，动员征集到一批冬衣、粮食、款子、鞋子和马匹等，绥中部队给养问题得以顺利解决。大滩一带成为绥中乃至大青山游击战争的指挥中心，也与动委会所从事的群众工作、政权建设分不开。

1938 年 9 月至 1939 年初，大青山游击区域陆续组建各级动委会。绥中建立地区性动委会归武陶县动委会，下属武川县二区、武川县三区、武川县四区、陶武区、归武区动委会。蛮汗山地区建立归凉县动委会，下辖一区、四区、五区动委会。尔后建立绥东动委会。

各级动委会成立后，大力开展筹备物资、组织武装群众、发展统一战线、除奸反特，密切配合部队的游击战，使大青山抗日游击战广泛发展起来。绥中武川县三区动委会总务部长刘钰以身作则，带头支援部队粮食马匹。1938 ～ 1942 年，刘钰先后支援八路军粮食 500 余石、全副鞍具的军马 30 多匹。大滩花圪台村开明地主谭成宽除经常捐献粮草衣物外，还暗送日伪情报，掩护游击区军政干部。1939 年初，李井泉、姚喆率领部队驻大滩一带，谭成宽一次无偿捐出 400 石小麦和杂粮。动委会也根据合理负担的原则，以强制办法分别摊派，迫使顽固地主老财和士绅、富商为八路军负担一定物资，以尽抗战义务。动委会物资筹集工作成绩巨大，使八路军度过挺进大青山后的第一个寒冬。

各区动委会发动群众组织武装，至 1939 年底，先后成立 12 支游击队，每支人数从二三十人到七八十人不等，共有 650 多人。游击队所用的枪支马匹均由民间捐献。有的游击队员逐步被编入正规部队，为八路军补充兵员。

动委会以各种不同名目和方式开展各种形式的抗日活动。在大青山游击区，广泛组织起各种抗日救国团体，如农民救国会、工人救国会、妇女救国会、青年救国会、儿童救国会、蒙民救国会等。据 1939 年底统计，仅农民救国会员即有 4000 余人。会员以自己的身份分布在各个角落探测情报、监视敌人，甚至打入伪军、伪政权、伪保甲团、伪警察所及学校等部门，进行联络和策反活动，了解敌情和掩护地下斗争。大青山游击战具有深厚的群众基础。

动委会的工作以山区农村为基地，逐步向城镇和平川发展。动委会派干部进入察素齐、归绥、旗下营、乌兰花等城镇进行秘密活动，组织抗日救国会，吸收青年学生、小学教师、小职员、店员等参加。在铁路沿线组织铁路工人参加工人救国会。通过对爱国商人的工作，争取不少商号店铺为八路军购买或筹集物资，如马装具、布匹、医药等紧缺物资，有的经过察素齐一些商号从包头购进，有的商号还从北平等地定做军鞋、军袜等。乌兰花镇吉义昌、公义昌、四合成等商号，以及绥中东八号、三元井、西河子、活佛滩等地粮油店、小店铺的爱国商人，绕过敌人严密的封锁，将食盐、火柴、布匹、成衣、电池、纸张、油墨等商品送到游击区。绥西动委会组织萨托工作团，开展平川工作，组织农民救国会和青年救国会，自备油印机，大批翻印各种抗日救国宣传品，广泛散发，或秘密传阅。平绥铁路工人救国会秘密运出一批破坏铁路需用的工具，指导动委会和部队破坏敌占区铁路的行动。城市和平川工作，使动委会活动范围更加扩大，统一战线作用充分发挥，为大青山抗日游击根据地创建和发展做出了贡献。

抗日民主政权　根据绥远敌占区抗日斗争需要，中共中央指示逐步将动委会过渡到抗日民主政权。各地动委会协助建立各级抗日民主政权，大力发动人民掀起参政运动。1939 年 12 月，绥西先后成立武归县、萨固县、萨托县，绥中成立归武县、陶林县，绥南成立归凉县。1940 年 3 月反顽斗争胜利后，首先建立绥西专员公署。6 月，建立绥中专员公署，同时建立绥东专员公署。绥远敌占区建立起第一批地区和县的抗日民主政权。

1940 年 8 月，在绥西武归县小西梁村召开绥远敌占区各族各界各党派抗日力量代表会议(也叫绥察人民代表会议,通称“西梁会议”)。与会者有蒙古族、回族等少数民族代表，有工人、农民、知识分子及抗日部队代表，共 200 余人。会议决定先成立晋绥第二游击区行政公署驻绥察办事处（简称绥察行政办事处,主任姚喆),以行使政权职能。会议批准成立绥西、绥中、绥南 3 个专员公署，决定成立萨拉齐、固阳、武归、陶林、归武、托和清、归凉、丰集、丰凉 9 个抗日民主县政府，并决定正式取消动委会和筹委会。自此，大青山抗日游击根据地政权建设由动委会完全过渡到抗日民主政权阶段。根据形势发展和斗争需要，1941 年 4 月 15 日，正式成立绥察行政公署，杨植霖任主任，苏谦益任副主任。县、区抗日民主政府是在大青山游击队掩护下的基层抗日政权。党的一系列方针政策和绥察行署的法令、条例、训令、办法等，均经过县、区政府在群众中具体实施。

两面派政权 大青山抗日游击根据地乡一级活动的基层政权，其性质和组织形式不同于区以上各级抗日民主政府，而是属于“两面派政权”。所谓革命两面派，即是在绥远敌占区利用日军的伪乡政权，以合法形式为抗日出力办事，表面上应付敌人，暗地里帮助抗日民主政权方办事的乡政权都是革命的两面派政权。

（七）大青山抗日根据地军民反“扫荡”斗争

1938 年 7 月 8 日，日军调集大同、左云、清水河、和林、凉城、卓资等地的日伪军一万余人，在飞机、坦克、大炮等重武器掩护下，包围马头山抗日军队，逐山、逐沟、逐村进行大扫荡。刚成立的抗日组织机构遭到破坏。10 月中旬，日伪军 6000 余人，从凉城、丰镇、集宁三方合围蛮汗山抗日根据地，展开冬季大扫荡。大青山支队 1 营副营长邹凤山率 1 营 3 连、动委会部分工作人员和 4 支队 1 连，向南穿过平绥铁路，重返蛮汗山，开辟绥南游击区。根据蛮汗山区的特点和斗争需要，大青山支队要求绥南部队尽快由步兵装备为骑兵。通过购买、向富户募集、战斗中缴获等途径，很快组织起八路军绥南骑兵部队。日军以“三光政策”（烧光、杀光、抢光）对抗日根据地和游击区反复进行扫荡、清剿。在姚喆参谋长的指挥下，八路军 715 团主力和大青山游击 4 支队等千余人，围剿土城子、公忽洞一带的康德胜匪部 1000 余人，俘获 40 多人，解救妇女 100 多人。八路军大青山抗日游击支队 3 营，在营长陈刚率领下，夜袭石拐沟，消灭日伪军 100 多人，炸毁 1 辆装甲车。几天后敌人来报复，9 连一个班未及撤离，沉着应战，打退敌人数次进攻，炸毁敌人 4 辆汽车，于当天黄昏突围。

1938 年 11 月，日军出动大批兵力对李井泉支队实行扫荡。日军一个小队和伪蒙古军第 14 团抢占喇嘛湾，试图围歼李支队。李支队在当地各族人民的支持下，粉碎敌人的进攻，并把游击战的范围扩大到绥西、绥中、绥南的大部分地区，同晋西北根据地连接起来。

1938年12月9日，日军以黑石旅团长为总指挥，率日伪军6000余人，从包头、固阳出动，合围扫荡大青山抗日支队司令部驻地巴总窑子。大青山支队10连乘包头城内兵力空虚，佯攻包头城，扫荡的日伪军被迫撤军。12月10日，日军在固阳县梁前村东小山沟里将小坝壕村白满红、白红世、赵二、乔牛、乔富、王套成、贾明旺、苏银贵等14人杀死。

1938年12月，日伪军7000多人从大同、丰镇、集宁、归绥、包头一线出动，分兵三路，发动对大青山游击根据地的大扫荡（见图3–14）。千余日伪军分三路向绥西大青山支队3营驻地韩庆坝进攻。3营与敌激战约两小时，毙伤日伪军400余人，缴获轻机枪9挺、长短枪200余支、子弹数千发。日军在附近村庄抢劫200余峰骆驼运走尸体及伤员。3营9连向马场梁转移，日伪300余人尾追，后激战半时许，9连毙敌百余人，击伤50余人，缴获机枪3挺、长短枪60余支及部分弹药。战后，9连到达马场梁休整。1939年4月1日，日军到固阳县扫荡，在甘树沟将游击队伤员和百姓30余人杀害，路经

图3–14　1939年春，大青山八路军支队在萨拉齐反扫荡战斗中

马化龙坝时将小煤窑的工人和伤员近 40 人全部杀害。同年 4 ～ 5 月，傅作义部郭希鹏骑兵第 2 军、王熙坤骑兵第 6 师，朱子文察哈尔游击军，从河套开往绥远敌占区，八路军大青山部队根据统一战线的原则，积极协助作战，并采取联合行动，对付敌人扫荡。绥中部队带领和掩护其部突围，并为其收留溃散的官兵数百人。

1939 年 4 月 10 日，驻守包头的日军骑兵集团进行所谓的“春季反击战”。这次作战的主力是骑兵第 1 旅团和从察南抽调来的独立混成第 2 旅团步兵第 1 大队。11 日，日军向驻守大佘太（安北县城）的国民党骑兵第 5 旅安华亭部和绥远游击军第 2 纵队武俊峰部发动进攻，于当日下午攻入城内。国民党守军向河套地区撤退。骑兵集团将骑兵第 14 联队部署在安北县城，向河套方向警戒，成为包头的前卫阵地。

1939 年 5 月，日伪军 5000 余人兵分三路向绥中、绥东、绥西大青山抗日游击根据地发动近 40 天的大扫荡。八路军大青山支队及绥蒙游击大队坚壁清野，进行外线作战，粉碎日伪军企图一举歼灭大青山地区八路军、游击队的阴谋，取得反扫荡胜利。此次反扫荡斗争中，八路军游击队伤亡 20 余人。日军攻击蛮汗山抗日根据地，4 支队 1 连指导员秦赞忠为掩护部队突围，与重伤员一起坚守阵地，壮烈牺牲。留在大青山抗日游击队根据地的八路军部队，在李井泉、姚喆的带领下，扩建为 3 个骑兵营，总兵力由原来的 500 余人发展到 1700 余人。小野田集中几百日军到清水河县北堡一带扫荡，放火烧了老牛坡，40 多户人家的窑房院落全部被毁掉，财产被洗劫一空。接着小野田又向偏关草堞山进攻，在干沟楼和对儿沟受到偏关游击队的阻击，日军又放火烧了干沟楼和对儿沟两个村庄。与此同时，驻平鲁城 200 余日军，也在 5 月份围攻刘家窑根据地。清（水河）平（鲁）游击队雁北农联平（鲁）清（水河）偏（关）朔（州）第四流动工作团（团长石介峰）、偏关挺进先锋队、清水河牺盟会等200余人，撤入清水河境内，诱敌深入。日军尾追不舍。八路军在黑寺沟伏击敌人，打死打伤日军20多人。

在绥南，日伪军数千人向绥南游击区的中心碾坊窑子一带合围。八路军绥南骑兵立即分散突围，转移到晋西北右玉西山。在绥中，日伪分兵三路向大滩、西河子一带分进合击。八路军大青山支队及时侦知敌人动向，由大滩向后脑包土城子转移，敌人阴谋未能得逞。在绥西，日伪军2000余人向巴总窑子一带扫荡，八路军党政机关撤向万家沟，同时派出3营骑兵连奔袭包头，减轻正面日军进攻的压力。日伪军发动的对大青山游击根据地的第一次扫荡以失败告终。

第四章

国民党军队的抗日战争

“七七事变”后，国共合作，全国人民共同抗战。驻扎在内蒙古中西部地区的国民党爱国将领傅作义深明大义，抓住战机，多次指挥部队歼灭日军有生力量，其中如百灵庙战役、五原战役、包头战役等，为国内外有识之士首肯，同时也得到中国共产党的称颂与支持。

第一节　赤峰保卫战与多伦战役

一、赤峰保卫战

1933 年 2 月 26 日，日军骑兵第 4 旅团 1000 余人，从通辽奈曼旗入侵敖汉旗，相继占领玛尼吐、哈沙吐地区（见图 4−1、图 4−2）。日军骑兵第 4 旅团、步兵第 6 师团及张海鹏 5 个步兵支队、2 个骑兵旅快速向天山（阿鲁科尔沁旗）、林东（巴林左旗）、大板（巴林右旗）、林西及赤峰方向迂回前进。3 月 1 日，日军“宣抚官”斋藤率领的警

图 4−1　日军炸毁赤峰的民房

图 4−2　1933 年 3 月日军侵占赤峰后所立的入城纪念碑

备军侵占巴林左旗林东镇。2月27日，孙殿英所部丁博廷旅3700余人从承德方向疾驰开进赤峰，并在城东、北两面布防。从奈曼旗败退下来的抗日义勇军李海青所部常德盛率2000余人也到赤峰与孙殿英部会合，共同抵御日军。3月2日，日军骑兵第4旅团第26联队先头部队从敖汉旗侵入赤峰东部，与孙殿英率领的守军展开激战，被孙军击退。不久，日军后续部队赶到，在10架飞机配合轰炸下，从东南、东北再次发起攻击，孙殿英部不支，退出赤峰城。下午3时许，日军入城，赤峰沦陷。

孙殿英部退出赤峰后，在赤峰东北方向哈拉道口对关东军第6师团发动突然袭击，几近打到敌师团司令部。第6师团集中司令部的参谋、勤务人员及少量部队仓促抵抗。敌后续部队赶到后，孙殿英部向西撤往承德围场县境内。第6师团于3月5日晚进入赤峰城。孙殿英向北平报告称，是役，击毙日军400余人，自伤亡团长2人、营级军官19人，士兵阵亡170余人。

二、察哈尔同盟军与多伦战役

1933年，国民党爱国将领冯玉祥在中共协助及全国抗日团体声援下，召集原西北军部下并收编部分游杂部队，于5月25日在张家口成立察哈尔民众抗日同盟军，通电全国，声明保卫察哈尔省，收复失地，同时接管察哈尔省政权。26日，察哈尔民众抗日同盟军编成第1、2、5、6、16、18军，第5路军、挺进军、抗日救国军，共辖21个师3个旅，约8万人，众推冯玉祥为总司令，方振武任前敌总司令，吉鸿昌任前敌总指挥。6月中旬，察哈尔民众抗日同盟军兵分三路北上，先后收复察北、宝昌、康保、沽源。察哈尔民众抗日同盟军在各次战斗中亦伤亡1600余人。5月27日，中国共产党组织张家口3000

多名工人、农民、学生和士兵集会，成立察哈尔民众御侮救亡会，组织平绥铁路工人交通团，发动华北各地青年学生加入同盟军，提出“民众自动武装起来保卫察哈尔”“民众与士兵联合”“争取言论出版集会结社的自由”“铲除苛捐杂税”等口号。会后游行示威，捣毁国民党察哈尔省党部，惩罚汉奸分子及蓝衣社特务分子。全国各爱国团体和爱国人士纷纷致电，拥护并祝贺同盟军的成立。处于抗战前线的辽宁、黑龙江和热河等地的义勇军，驻守长城各口的部分部队，华北、内蒙古各地的青年学生及蒙古族的部分地方部队，也纷纷集合到抗日同盟军的旗帜下。同盟军很快由几千人扩大到十万多人。驻守多伦的伪军李守信部约 6500 多人，另有关东军派到该部的 20 多名日本人组成特设队。7 月 5 日，吉鸿昌召集前线主要将领开会，决定将同盟军 1 万多人分成三路围攻多伦县城。7 日，同盟军开始进攻多伦。8 日，关东军从承德派飞机轰炸同盟军阵地，并运送弹药接济李守信部。9 日，同盟军攻占外围各阵地，伪军退入街市及庙仓，居高临下凭险固守。

图 4—3　察哈尔民众抗日同盟军收复多伦

10日，同盟军向多伦发起几次强攻，均未能进入市街，加之连续几天大雨，后方接济不上，双方形成胶着状态。11日，同盟军从拂晓发起总攻。伪军在日机掩护下向同盟军猛扑，双方展开激烈肉搏战，双方伤亡甚重。当日，冯玉祥发电勉励抗日战士："为国而死，其死也荣。……"全军将士一致表示誓死攻克多伦。12日凌晨，吉鸿昌一面派人化妆潜入城，另一方面亲自袒臂冲锋。10时许，同盟军从南、西、北三个方向攻入多伦县城（见图4–3），经过了3个多小时巷战肉搏，残余日伪军由东门仓惶逃命。同盟军占领多伦后，调吉鸿昌、邓文二部防守沽源、独石口，与张家口成犄角之势，以防日伪军反攻。

7月13日，察哈尔民众抗日同盟军在张家口召开庆祝收复多伦大会，全国各抗日团体及知名人士纷纷致电祝贺、慰问，并捐献财物支援抗日同盟军。国民党中央继续奉行不抵抗政策。14日，国民党中政会举行会议，讨论解决冯玉祥抗日同盟军办法。16日，东北义勇军后援会电宋哲元、关麟征、庞炳勋等，称察省异军突起，迭克各城，辽、吉、黑各地义军已蜂起抗敌，要求宋等趁此时机与冯玉祥共同抗日，雪城下订盟之大耻，并电孙殿英回师抗日。27日，抗日同盟军在张家口成立"收复东北四省计划委员会"，冯玉祥任会长，并通电全国，宣布察哈尔民众抗日同盟军将乘胜收复东北四省。驻华日使武官柴山访何应钦，声言抗日同盟军收复多伦"有违塘沽停战协定"，要求中国方面注意。当日，驻承德日军第8师团一部向热察边境调动。上海各界抗日联合会、各团体救国联合会、海员工会、邮电工会，教育、学生、妇女等团体组织，江苏省各县民众救国团体联合会以及朱庆澜等纷电冯玉祥，祝贺抗日同盟军收复多伦。蒋介石电何应钦，指示对察事于采取军事行动的同时，由宋哲元、庞炳勋、秦德纯等派人劝冯取消名义，奉还察政，离去张垣，另谋安置。

7月31日，北平军分会遵蒋介石令增调入察部队。除原有庞炳勋、关麟征、冯钦哉各部 11 个师外，续增调王以哲、黄杰、王敬久等 5 个师，共达 16 个师，15 万余人，另派有飞机两队。因庞炳勋部下级官兵不愿攻打抗日同盟军，纷纷投奔同盟军，北平军分会将该部自前线调往沙城后方，改调中央军关麟征、王敬久等部接防，当日调度完毕。北平军分会以方振武、冯玉祥欲提用平绥路款项、破坏交通为借口，饬平绥铁路局将该路下花园至柴沟堡段暂停通车。至此，抗日同盟军仰给于外界之弹药粮食等完全断绝，数百名伤员无法启运到北平医治。在吉鸿昌的指挥下，李海山率部参加收复多伦的战斗，伤亡惨重。之后，这支蒙古骑兵与同盟军并肩作战，转战于察北抗日战场上。抗日同盟军失败后，李海山部被国民党当局缴械遣散。

同年 8 月 14 日，冯玉祥辞去抗日同盟军总司令职务，离开张家口。17 日，冯玉祥由济南上泰山隐居。

第二节 绥远抗战

一、日伪军侵占绥远地区

（一）关东军发动对绥远的武装进攻

绥远在内蒙古西部，北接外蒙古，南界晋、陕两省，东临察哈尔，西接宁夏、甘肃。控制绥远，即构成对华北、西北的包围态势，是进入华北、西北的必经之路。

1936年10月，关东军制定侵绥计划。田中隆吉接任驻化德特务机关长，直接指挥日伪军行动。5日，田中隆吉在化德主持召开军事会议，决定对绥远发动军事进攻，计划得到关东军司令部认可。10月5日，田中隆吉召集德王、李守信、王英、张海鹏等开会，宣布板垣批准的攻绥作战计划：决定以王英、李守信、德王三部为主力进攻绥远。王英部为主力，由商都进攻陶林红格尔图、土城子，兵站及后援部队驻设商都及嘉卜寺。李守信部由张北以西南壕堑、大青沟，直接进攻兴和，兵站及后援部队驻设张北。第一步夺取红格尔图得手后，李守信率伪蒙古军第一军由兴和出动，德王的伪蒙古军第二军由绥北土木尔台出动，穆克登宝伪蒙古骑兵第7师由百灵庙出动，会同王英部，分路进攻归绥，然后再分兵进占绥东集宁、绥西包头及河套地区。为了配合这次作战，关东军将派出多架飞机，集结于张北及商都机场。日伪军总兵力约4万人。

（二）国民党军队的战备

1936 年 7 月，蒋介石在国民党五届二中全会上表示，对日本入侵的容忍是有限度的。同年 10 月 30 日，阎锡山、傅作义面见蒋介石，研究兵力部署及作战等问题。11 月 11 日，阎锡山以军事委员会副委员长、太原绥靖公署主任身份，发布关于绥远作战序列的命令：一、傅作义为晋绥“剿匪”军总指挥兼第 1 路军司令官。第 1 路所部为第 35 军，附第 205 旅（欠第 407 团）、独立第 7 旅，补充第 10 团并炮兵第 21、29 团及小炮大队（欠第 1、第 3 中队）。二、汤恩伯为第 2 路军司令官，指挥所部第 13 军，附第 72 师及炮兵第 27 团。三、李服膺为第 3 路军司令官，指挥所部第 68 师，附炮兵第 24 团及小炮第 1、3 中队。四、王靖国为预备军司令官，指挥所部第 70 师（欠第 205 旅，该旅第 407 团由师部直接指挥），附独立第 8 旅。五、赵承绶为骑兵军司令官，门炳岳为副司令官，指挥骑兵第 1 师、第 2 师及第 7 师。

参战部队主力由傅作义第 35 军及赵承绶骑兵军组成。第 35 军辖 2 个旅、6 个团；第 211 旅辖第 419、421、422 团；第 218 旅辖第 420、435、436 团。该军和骑兵军各以一部驻绥东、绥北前线。王靖国率第 70 师驻绥西包头一带。李服膺率第 68 师集结于晋北阳高、天镇等地。汤恩伯率第 13 军由陕西向绥远开拔（绥战开始后，该部还在途中，未参战）。

二、收复红格尔图、百灵庙、锡拉木伦庙的三大战役

（一）红格尔图战役

1936 年 7 月初，关东军化德特务机关派出王道一“西北防共自治军”一部进犯兴和，被国民党绥远驻军击退。月底，日伪军于志谦、马龙、王道一部 2000 余人进犯绥远东北部的红格尔图、土木尔

台。傅作义命令师长彭毓斌、旅长董其武指挥第218旅一个团、骑兵师一部与敌激战，毙敌350余人，俘虏副司令马龙以下60余人。8月，李守信部2万人进犯绥东陶林（今察哈尔右翼中旗），日军开抵张北。板垣征四郎于8月下旬亲赴归绥，会见傅作义，要求傅与关东军合作，遭到傅作义严词拒绝。

同年11月12日黎明，由田中隆吉亲自指挥，王英率领伪军两个骑兵旅、一个步兵旅和两个炮兵连，共5000余众，兵分两路，从商都分别向兴和、红格尔图进犯。敌军司令部设在离红格尔图3公里的土城子村。日军以3架飞机对红格尔图国民党军队阵地狂轰滥炸，掩护日伪军的进攻。开始时，伪军因上有日本飞机作掩护，来势凶猛。傅作义令彭毓斌为总指挥、董其武为副总指挥，指挥骑兵师、第218旅与日伪军激战。接火后，红格尔图国民党守军和绥境蒙政会委员兼绥东四旗剿匪司令达密凌苏龙带领的蒙古骑兵沉着应战。伪军围攻两日，未能攻克，又调来李守信伪蒙古军一个骑兵师、一个步兵旅，在野炮、装甲车、飞机的助战下，向国民党晋绥军战地冲击。

红格尔图属绥远陶林县（现属察哈尔右翼后旗），为千余人口的小镇，西距县城80公里，南离集宁90公里，东距敌伪盘踞的商都30公里，为绥、察交界要冲，是绥东北门户和商都通往百灵庙必经之地（见图4-4）。守军为骑兵第1师彭毓斌部3个连。彭毓斌在获悉战讯后即派骑兵第6团增援。11月15日午夜，傅作义、赵承绶到达集宁前线。傅作义分析各方面情况后认为，进犯红格尔图伪军虽非敌之主力，然其诸兵混合，队伍庞杂势众，如敌首战取胜，可增伪军气势，威胁绥远省安全，影响晋绥军士气，并将西进绥西，对晋绥军形成危害。傅作义决定首战应击破红格尔图当面之敌，采取“守点以抑留敌人，集中主力进攻”的作战方针，即“借各城镇之既设工事，以民众守要点（县城及有工事之较大村镇），使正规军队机动出击敌

图 4-4　红格尔图旧战场

之据点”，或向来犯敌人主动出击，先击一路，各个击破。

16 日上午，傅作义与赵承绶发出作战命令：由骑兵第 1 师师长彭毓斌率骑兵 4 个团、步兵第 218 旅旅长董其武率步兵 2 个团及炮兵 1 个营，在彭毓斌、董其武统一指挥下，以秘密、迅速的行动歼击红格尔图附近之敌，并限于 17 日夜间发起袭击，调驻丰镇第 68 师第 401 团至大六号，掩护集宁东北一带，支援出击部队。是时，伪军王英部在前线约三四千人，其一部围攻红格尔图，其余分布于土城子、打拉村、台道湾等处。16、17 日两天中，田中隆吉、王英指挥 2 个骑兵旅、1 个步兵旅向该镇猛扑。守军拼力奋战，多次打退日伪军进攻，红格尔图始终在绥远军手中。王英伪军本属乌合之众，战斗力很弱，且在王英招罗伪军时，宋哲元 29 军成排成连地潜入王英伪军中。17 日夜，董其武令一部包围红格尔图东北 5 里土城子日伪军指挥所，一部在土城子以东设伏，截击溃退和增援的日伪军。18日凌晨1时30分，晋绥军发起全线攻击，王英伪军一触即溃，战至上午7时，土城子大部被攻占，红格尔图东、南、北三面之敌向北方逃窜。8时半，骑兵第1师师部进入红格尔图。

11月23日，国民党中央通讯社发表达密凌苏龙报告绥东战况称："伪匪军两千余人，于本月十四日起，向我红格尔图攻击，并借某方飞机作掩护，势甚凶猛。但我方骑兵及保卫团沉着抗御，士气旺盛，故敌连攻三昼夜，终未得逞。至17日，我方援军开到，乃向敌反攻，匪势不支，向商都溃退。我军趁势追击，并捣毁王匪伪司令部，获得枪弹甚多。此役我方伤亡仅十余人，匪众因中地雷，死伤极重。"上海新闻、金融、教育、律师各界召开"援助绥远抗日"会议。各地民众踊跃募捐抗日。《大公报》专题介绍在绥东抗战中具有特殊功绩的五位将领并誉之为民族英雄，曰："绥东红格尔图一役，因赖我前方将士之奋勇杀贼，克奏其功，举国腾欢，全世钦仰。记者兹特介绍是役有特殊功绩之将领，以彰我民族英雄之风采。"五位将领依次为晋绥军骑兵第1师师长彭毓斌，国民党傅作义部第35军218旅旅长董其武，骑兵第1师6团团长张培勋、团副张著，第35军218旅435团团长苏开元。是役，击毙伪军500余人，俘20余人，连同前3天的保卫战，共毙伪军1000余人。在红格尔图激战的同时，李服膺部1个团在兴和与敌展开攻防战，经11月17、18两日激战，王英部伪军于11月20日全部退出兴和，退至商都一带。

11月21日，毛泽东与朱德联名致电傅作义，祝贺绥远守军抗日胜利。曰："足下之英勇抗战，为中华民族争一口气。红军抗日援绥，颇具决心。吾人深信，吾人现所努力之停止内战、抗日救国之行动，必能对于足下抗日义举，遥为声援。"

图 4—5　1936 年的百灵庙

（二）百灵庙战役

百灵庙（见图 4—5）位于绥远北部，有公路北达外蒙古库伦（今乌兰巴托），东通化德，西南接包头，东南连归绥。如果说绥远是连接中国东北、西北的津梁，而“东西策应的根据地就是百灵庙”。

1936 年 11 月 20 日，傅作义（见图 4—6）在归绥召集孙长胜、孙兰峰和袁庆荣部署战斗，同时发布作战命令：骑 2 师师长孙长胜为总指挥，步兵 211 旅旅长孙兰峰为副总指挥，旅参谋长袁庆荣为参谋长，指挥步兵 419 团（欠 1 营）、421 团（欠 1 连）、第 70 师 315 旅补充第 1 团（欠 1 连）、骑兵第 8 团及特务 3 个连、炮 21 团第 3 营、及第 6 连小炮 2 门、无线电 3 台、汽车 1 队（计装甲车 20 辆、汽车 24 辆），集结于百灵庙东南 75 公里处的二份子、公胡洞一带，要求参战部队于 24 日敌军增援部队到达前，以迅捷之手段，袭占百灵庙。22 日晚 10 时，各部队按指定地点集结完毕。

23 日，日伪军由察北用汽车百余辆运送大量武器、弹药至百灵庙。

图 4–6　百灵庙战役中的傅作义将军

24 日午后，陆续运送伪军 5000 余人到百灵庙，企图在日本军官的指挥下，侵占绥北各地，进而夺取绥远。傅作义将军得知这一情况后，即在总部召开营以上军官会议，商讨歼敌部署。任命孙长胜、孙兰峰为前敌总、副总指挥，并要求所部出奇制胜、快速勇敢之行动收复百灵庙。会议结束后，各部队争返防地，率领所部向指定地点集结。各部队到达指定地点后，二孙即在武川县二份子召开各部队连长以上军官会议，下达作战方案与攻击命令。

收复百灵庙的战役打响后，国民党军经过与日伪军的反复搏斗，终于突破敌阵，突入庙内，激战中歼敌大半（见图 4–7）。盛岛角芳先率部逃跑，日本顾问烟草谷与伪蒙古军第 7 师师长穆克登宝亦分乘汽车逃窜。11 月 25 日凌晨，傅作义部一举收复日伪侵占的百灵庙，取得“百灵庙大捷”。是役，击毙日军 20 多人、伪军 300 多人，伤敌 600 多人，俘敌 400 多人，缴获步兵炮 3 门、迫击炮 6 门、野炮 4 门、

图 4–7　绥远部队收复百灵庙

轻机枪 20 多挺、步枪 600 多支以及弹药一库房、汽油 500 多桶、面粉 2 万袋，另有战马和军用文件等。傅部伤亡 300 多人。其中，阵亡军官 2 名、汽车司机 2 名。对于俘虏，每人发给面粉 1 袋、银圆 5 元，令其各回原籍。德王去向不明。

（三）锡拉木伦庙战役

在百灵庙惨败的日伪军向东退到锡拉木伦庙（亦称大庙）。田中隆吉为了挽回颓势，命令"大汉义军"的副司令雷中田率领所属金宪章、石玉山、葛子原、赵奎阁等部在锡拉木伦庙集结，向百灵庙反扑。1936 年 11 月 28 日，伪军以汽车 100 余辆运兵 3000 余人到锡拉木伦庙，准备反攻百灵庙。29 日，王英指挥伪骑兵 2000 余人，绕过商都以北土木尔台（现属察右后旗辖），运动到陶林西北一带牵制晋绥军。

自12月3日起，伪军向百灵庙反攻。守卫庙内的晋绥军1个团奋起抵抗，杀伤伪军一部后，有计划地后退，诱敌深入。下午7时，庙外晋绥军发起反击，深入之敌大败而去。至4日9时，彻底粉碎伪军的反攻，毙“大汉义军”副司令雷中田及日、伪军500余人，俘200余人，并将王英伪军主力牵制于乌兰花一带，锡拉木伦庙敌守备力量大为减弱。王英部旅长金宪章、石玉山感到叛国附敌毫无出路，遂派人与傅作义将军接洽反正事宜。12月8日，石玉山部1个旅在阵地反正。9日凌晨，金宪章也率部反正，将日本顾问小滨大佐以下日本军官27名悉数杀死，同时向伪蒙军第7师穆克登宝部突袭，将其大部歼灭。石、金两个旅步骑兵10个团，反正后全部开到四子王旗乌兰花一带，傅作义派35军副军长曾延毅前往点验，并拨给巨款犒赏反正官兵。9日上午，晋绥军进占锡拉木伦庙。王英伪军残部退回商都、化德一带。18日，驻守南壕堑王英伪军旅长安华亭率领2个团、团长王子修率1个团通电宣布反正。19日，伪军吕存义部投诚。王英带残兵逃回张北，被日军全部缴械。至此，“大汉义军”彻底覆灭。

（四）全国各界人士慰劳抗日将士

历时5个多月的绥远抗战，共歼灭和瓦解伪军一个步兵师、步骑兵各两个旅，肃清绥境日伪军，收复百灵庙、大庙等失地，挫败敌人的侵略阴谋，大大鼓舞了全国人民抗战的热情和信心。12月1日，中共中央和苏维埃共和国中央政府发出《关于绥远抗战通电》。12月24日，毛泽东主席、八路军朱德总司令从延安发出贺信，祝贺绥远抗战的胜利，并派南汉宸率慰问团赴归绥慰问，赠送“为国御侮”锦旗一面。

11月25日，以黄炎培为团长的上海各界绥远慰劳团来绥远慰问傅作义部队，捐款10万元。11月26日，北平学生组织赴绥服务团。广西妇女救国会和工、商、学、文化等各界代表，组成广西抗敌救国代表团分乘两辆汽车北上，路经湖南、湖北、河南、河北、石家庄、太原等地，历时22天，带款2万元，在武汉购买慰劳品：饼干30040磅、袜子2000双、卫生衣170余打、毛巾2200条、牛肉罐头240余箱。到绥后会见傅作义将军，并到百灵庙等地慰问。12月20日，太原女师赴绥慰问看护队一行27人抵达归绥。以宋维静为首的27名山西第一妇女看护队在归绥的正风中学临时医院、新城宽街兵站医院开展护理工作。12月28日，太原女师赴绥慰问看护队到绥远公立医院开展护理工作。她们有的到手术室当助手，有的到病房看护伤病员，给伤员喂水、喂饭、换药、包绷带，帮助伤员洗脸洗手，整理床铺。她们还与中华基督教青年会战地服务部一起在伤兵医院俱乐部里开展活动，每天为伤病员代写家信、代分慰劳品、讲解书报及代开留声机等，还利用闲暇时间召开游艺会，给伤员演出节目。国民政府派陈诚来绥宣慰部队。清华、燕京两大学代表团在燕大文学院院长梅贻宝、教授朱自清率领下来绥慰问，两校学生发起“万件皮衣”运动。

绥远抗战胜利后，全国掀起声援绥远抗战的巨大热潮。北京、天津、武汉、上海、济南等城市的大中学校师生纷纷捐款赠物。全国各族人民、各界人士、社会团体、港澳同胞、海外华侨的爱国热情空前高涨，捐赠各种抗战物资，发出慰问函电，派出慰问团、慰劳队、救护队、看护团、战地服务团前来归绥慰问助战。孔子后裔、年仅10岁的女孩孔德恭写信慰问绥远前线抗日将士，信中写道：“吾兄德成已节用捐款，我亦中国一分子，杀贼无力，保国有心，附寄国币伍元。”北平、天津等地文化艺术界纷纷到绥劳军。音乐家吕骥特为35军谱写《三十五军军歌》（见图4–8）。各地汇往绥远的捐款达300万元之巨，另外还寄来大量慰问物资。全国各地人民纷纷组织慰问团来绥慰问，著名爱国华侨陈嘉庚捐赠大量医药和物资，并撰写《傅作义高义》一文，颂扬绥远抗战。爱国文艺工作者石寄圃经武川由孙兰峰旅长护

图 4-8　全国援绥抗战中著名演员陈波儿、音乐家吕骥等来绥慰问

送,赴百灵庙抢拍百灵庙全貌及战后景象,编辑成一部大型纪录片《绥远殊死战 —— 百灵庙战役》。

12 月 11 日上午 10 时，绥远各界人士在大青山麓烈士公园举行追悼活动，悼念绥东、绥北阵亡将士，参加军民甚多。傅作义主祭，赵承绶、王靖国等将领参加。蒋介石、阎锡山送挽词，分别为“精忠贯日”“精神不死”。

1937 年 1 月 21 日，由上海左联组织的以陈波儿为团长的上海妇女儿童慰问团一行 30 人到达绥远，发表《上海妇女儿童前线慰问团告前方将士书》，转达上海人民声援绥远抗战的爱国热情。慰问团为绥远军民演出《放下你的鞭子》《炮火中》等剧目。由崔嵬指挥演唱《义勇军进行曲》《救亡进行曲》《打回老家去》《救国军歌》等抗日救亡歌曲。文艺界吕骥、张瑞芳、陈强等也先后来绥慰问演出，在归绥看望伤病员，到大庙、乌兰花、百灵庙等地慰问前线抗日将士。1 月 23 日，上海妇孺抗日慰劳团至百灵庙劳军。1 月 29 日，首都中国妇女爱国同盟会派谭惕吾、陈逸云二女士北上慰劳，北平清华大学助教蒋恩钿、吕晓道二女士随行。她们先到张家口定做皮衣,2 月 9 日到绥,带来大批慰劳品，有饼干、牛肉罐头、面条、丝棉背心、手套、袜子、衬衣等，还有药品159箱、白布120多匹、皮大衣1200件，总共价值白洋1万元（见图4-9）。2月7日，太原女师看护队第二批以刘绛英为首的一行11人到绥工作，她们分赴正风中学临时医院和宽巷兵站医院服务。2月9日，上海第二批妇女儿童前线慰劳团张瑞芳等一行9人，携带大批慰劳物品，到绥慰劳。2月25日，妇女爱国同盟会代表在归绥祭奠绥远抗战阵亡将士，并赴兴和、陶林、红格尔图、武川、乌兰花、大庙、百灵庙等地慰问。3月8日，菲律宾华侨王文堑、林少梅返回福建家乡结婚，恰逢抗日援绥运动蓬勃发展。全国人民的爱国热情深深打动这对夫妇，他们节约结婚费200元寄给傅作义将军，并向报社发函表达自己的心情。

1937年3月15日，绥远抗战阵亡将士追悼大会在归绥大青山下的烈士公园举行，参加大会的有各族军民3万余人。国民党中政会主

图4-9 北平清华大学学生为绥远将士赶制棉衣

席汪精卫、太原绥靖公署主任阎锡山等出席大会。著名学者傅增湘、傅斯年，上海闻人虞洽卿，文艺界崔嵬、吕骥、张瑞芳，北平学联代表、广西大学学生会代表等参加大会。傅作义主持大会并致悼词。会上宣读蒋介石、汪精卫、阎锡山以及北平学生救国联合会、中华民族解放先锋队等民间团体的祭文。绥属各县亦同时举行祭奠仪式。

三、归绥、包头沦陷

（一）大黑河阻击战

1937 年 10 月 12 日，日军独立混成第 1 旅团主力及伪蒙古军 3 个师从凉城方向出发，午夜推进到大黑河中国军队防线前沿。另一部分日伪军从大青山方向夹击归绥，对归绥形成包围态势。

蒙旗独立旅和李大超国民军将部队部署在大黑河沿岸、桃花板村、南茶坊一带，与日伪军接火，隔河炮战。10 月 13 日，蒙旗独立旅因寡不敌众，边抵抗边后撤，撤到城郊南茶坊。午后，日伪军兵临城下，形势严重。为保存蒙旗独立旅这支蒙古族抗日武装，白海风、乌兰夫率部撤出归绥，乘火车向包头转移。随着旗下营失守，武川县被伪蒙古军占领，归绥处在日伪军东、南、北三面包围之中。马占山令李大超连夜将枪械弹药等重要物资装上火车，运往包头。同月 14 日，在归绥指挥作战的马占山令守城各部队撤出战斗，向包头、萨拉齐一带转移。当日下午，日军独立混成第 1 旅团进入归绥。日军平绥支队也从旗下营进入归绥。归绥沦陷（见图 4—10）。

（二）包头沦陷

1937 年 10 月 15 日，日军分 3 路向西进攻：一路为伪蒙古军骑兵第 8、9 师，由武川攻击包头以北的固阳，以策应日军主力沿铁路线向绥西发动的进攻；一路为独立混成第 1 旅团及配属部队，乘汽车

图 4—10　日本侵略军占领归绥

沿铁路两侧攻向包头，当日占领察素齐；一路为伪蒙古军骑兵第 1、4、5、6 师，从铁路以南地区向包头追击。在萨拉齐，第二战区留守井德泉部与日军发生战斗。激战至午后，井德泉部弃城向西转移。日军占领萨拉齐、沙尔沁。

10 月 16 日，日伪军又向包头东磴口镇附近的狭路口阵地发动全面进攻，10 时，独立混成第 1 旅团占领包头，并向五原方向追击一段距离。马占山令包头地区所有部队沿大青山南麓和黄河北岸向河套撤退。其中，马占山东北挺进军退到五原不久，转移到伊克昭盟准格尔旗大塔以南驻扎。骑兵第 6 军门炳岳部经乌拉山前后到西山咀、大佘太一线布防。17 日，日伪军进入包头，派出伪蒙古军一个师向安北（乌拉特前旗）一带搜索。不久，独立第 1 旅团撤离归绥、包头，将绥远地区防务交由后宫淳部接替。

10 月 21 日，从北面大青山向南的伪蒙古军两个师占领固阳。

至此，绥远省大部被日军占领。

四、反攻绥远

（一）战前态势

日军继侵占平津、京沪地区后，1938 年春，集结重兵南北夹击徐州，企图打通津浦铁路，徐州会战序幕即将拉开。为牵制华北日军南下，国民党军事当局任命傅作义为第二战区北路前敌总指挥，指挥所部第 35 军，并配属骑兵第 6 军门炳岳部、原东北军骑兵第 2 军何柱国部、驻榆林邓宝珊部、东北挺进军马占山部等，主动出击，相机进攻战略要地太原或归绥，以策应徐州会战，牵制日军。傅作义接到命令后，决定发起北上反攻绥远之战（又称为绥南战役），收复归绥。

（二）收复和林格尔县城

1938 年 4 月 23 日晚 12 时，第 35 军先头部队第 211 旅进至距清水河城关镇 5 公里处。旅长孙兰峰接到侦察报告，得知守敌仅为伪蒙古军骑兵第 2 师门树槐团之一部，当即命令第 422 团发起进攻。由于行动隐秘，第 422 团攻进城关后，伪军方从睡梦中惊醒，待其仓皇中准备抵抗时，城内所有制高点及交通要道口均为第 422 团控制，敌人从北门弃城而逃。

第 211 旅乘胜向和林格尔挺进。4 月 25 日，部队到达和林格尔城南大红城时受到敌军阻击。为争取时间，第 211 旅兵分两路，一路以第 422 团 2 营（营长郁传义）向喇嘛盖挺进，牵制该敌，阻止其向和林增援，一路由孙兰峰亲率第 421 团和第 422 团主力（欠二营）及配属炮兵向和林县城进击，胜利夺取和林城。傅作义随即将指挥部迁入城中，就近指挥作战。

（三）血战喇嘛盖

大红城分兵后，第 442 团 2 营郁传义营长带第 2 营两个连（欠五连）向喇嘛盖前进，于 4 月 26 日凌晨 1 时许在樊家窑与敌先头部队遭遇。6 连连长杨善庆带队奋勇冲锋，用两小时将敌击退，打死打伤敌二三十人，俘虏 4 人，缴获步枪 6 支、子弹 500 余发。在喇嘛盖与敌主力接火后，连续发起四五次冲锋，因敌机枪、炮火猛烈，均未得手。伪蒙古军骑兵 700 余人，一面从正面反击，一面以骑兵迂回 2 营两侧。2 营陷入三面包围中，冲在最前面的敌人，离 2 营阵地不足 30 米。危急关头，郁营长指挥全营沉着应战。4 连连长阎沧两次负伤，仍坚持指挥战斗，带领全连毙伤敌军七八十名，最后因伤势过重阵亡，年仅 29 岁。

4 月 27 日上午 10 时，团长王雷震接到 2 营告急，立即率 1 营及 2 营 5 连附山炮一门前往增援。12 时许，增援部队赶到，从右翼对敌展开包抄，炮兵展开射击。伪军见势不妙，仓皇撤退。是役，毙伤敌 100 余人，缴获文件、给养、械弹甚多。

4 月 27 日凌晨 2 时，担任阻援任务第 422 团从和林格尔出发，沿途昼伏夜行，取道凉城西沟门，29 日进至得胜窑子，30 日进至旗下营南山。随后兵分三路，一路至厂合少村戒备；一路掩护爆破班、便衣队破坏桥梁、剪断电线；一路袭击旗下营火车站。旗下营车站日军拒不投降，有的跳楼，有的切腹，还有 2 人跑到厕所里自缢而死，剩余几个日军窜至旗下营西南水磨村被消灭。

（四）激战一间房

1938 年 4 月 28 日，第 101 师推进至归绥城南 20 公里的一间房、沙尔沁地区后，同出城阻击的日军第 26 师团主力遭遇。第 35 军 101 师师长董其武以前卫第 436 团（团长郭景云）先敌发起进攻。运用中间突破战术，一举将日军冲作两段，分割开来。日军采用分进合击战术，两路夹击傅作义部，战斗非常激烈。第 436 团官兵英勇奋战，伤亡惨重，团长郭景云负重伤。董其武即令旅长姚丽祥率领第 218 旅支援第 436 团，从两侧迅速包抄敌人，并破坏大黑河上公路桥梁，阻敌汽车，断敌归路，协同第436团歼灭当面之敌，向归绥城进攻。归绥之敌倾巢而出，增援之日军从大同、集宁方向赶来，在飞机、坦克、大炮协同攻击下，第101师损失惨重，攻击受挫，被迫向清水河方向撤退。

（五）察圪洞歼灭战

第101师在一间房与日军激战时，日军派出第26师团岩田骑兵队，绕道托克托县向和林格尔城迂回，企图袭击傅作义第35军司令部所在地。该敌进至和林城西约25里的后察圪洞时，被第422团3营发现，旋即展开激战。日军依仗其优势兵力和装备，将3营（欠邱子林连）包围，形势十分危急。

1938年4月28日上午9时，第211旅旅长孙兰峰在接到报告后，令营长张进修率第421团1营并指挥守卫前察圪洞邱子林连，增援3营。1营跑步赶到前察圪洞时，发现敌军300多人已进至3营阵地前六七十米处。

下午3时40分左右，在西北面高山两侧山沟里发现日军6个马群，正在喂食。张进修决定夜袭日军马群。当晚，1营1、3两连各选精兵30人，每15人编为一个突击爆炸组，乘夜从敌步哨间隙中潜入，拟用手榴弹袭炸敌马。29日凌晨2时，爆炸组向敌马群投弹成功，顿时马群中火光冲天，爆炸声四起，军马被炸得四处乱窜，日军迅速失去有组织的抵抗。29日凌晨4时，第421团1营基本控制敌马群，正在搜索残敌，打扫战场，增援日军从托克托县方向赶来。张进修即令各连迅速占领高地。日军增援步兵在炮火掩护下向1营阵地发起多次攻击，均被击退。下午2时30分，旅长孙兰峰考虑1营已连续作战两天一夜，派第421团3营（营长王振基）接替1营，继续坚守察圪洞。是役，毙伤敌300余人，夺得军马396匹及全套鞍具（每匹马除鞍具外，还携有新军毯2条及饭盒等）。

（六）反击日军5路追兵

1938 年 5 月 5 日，日军第 26 师团在飞机、坦克、大炮协同掩护下，由平鲁出击向清水河发起进攻。第 35 军总指挥部刚进入清水河县城，即受到日军威胁。傅作义立即命令新编第 6 旅反击，激战一日。天黑后日军因飞机、大炮优势无法发挥，撤至韭菜庄。傅作义令第 211 旅以一部夜袭敌指挥部。第 211 旅 421 团 1 营组成突击队，编为 7 个战斗小组，于午夜时突入敌营，向日军宿营房屋投掷手榴弹，日军遇袭后乱作一团。1 营战斗小组东袭北走，西击南去，机动灵活，袭扰敌人，天明后撤回。撤退时，因 3 连长郄连海擅自变更预备队位置，未能在拂晓前占领韭菜庄西北高地掩护撤退，结果被敌先行占领。敌军居高临下，向 1 营猛烈射击，1 营官兵在撤退中伤亡 200 多人，营长张进修身负重伤。翌日，前来支援第 35 军作战的骑兵第 2 军进至韭菜庄附近时，遭敌步骑混合部队数千人攻击。傅作义命第 211 旅、新 6 旅与骑 2 军配合，分进合击，包抄敌人，激战一日，日军不支撤退。

（七）马占山部侧击归绥日军

为配合第 35 军反攻绥远，东北挺进军马占山部根据第二战区部署，于 1938 年 4 月上旬由准格尔旗驻地北上，渡过黄河，在察素齐附近破坏平绥铁路数处，并与伪蒙古军激战两天。后由白石头沟进入大青山，对武川县形成攻势，以吸引和分散归绥日军兵力。4 月 16 日，日军第 26 师团独立步兵第 13 联队从包头出发，经萨拉齐向后脑包推进，其近森大队被编为汽车化大队，由包头经固阳向乌兰不浪一带进攻。同日，从张家口开来第 26 师团独立步兵第 12 联队从归绥北上武川，从东面夹击东北挺进军。

4 月 21 日晚，马占山率特务营 400 余人，向西退到安北县黄油杆子村宿营。22 日拂晓，日军近森大队和冈本大队乘汽车赶到，将村子包围。战斗中，护卫马占山的特务营大部战死。在另一村子宿营的骑兵第 6 师师长刘桂五率部前来救援。马占山乘机脱出包围圈，刘桂五不幸中弹身亡。这次战役，东北挺进军减员过半，马占山率部经高台梁，渡过乌加河，进入河套，转回准格尔旗。

（八）门炳岳部策应反攻绥远

傅作义率第 35 军出兵绥远时，令驻守在河套地区骑兵第 6 军即日由驻地出发，向包头、固阳之日伪军进攻，策应第 35 军主力作战。军长兼骑 7 师师长门炳岳接到命令后，率骑 7 师主力和新骑 4 师，经大佘太、小佘太等地，向固阳推进。日军已侦察到骑 6 军行动，派飞机轮番扫射门炳岳部。门炳岳部接近固阳后，骑 7 师主力向固阳城西北、新骑 4 师向固阳城东北发起进攻。城内约有日军一个大队和部分伪蒙古军，依仗坚固城墙，坚守不退，相持两天。门炳岳接傅作义电，令骑 6 军速向和林格尔以西地区转进，参加绥南战斗。

门炳岳立即率骑 7 师主力离开固阳，经石拐沟，穿过大青山口，进至民生渠后，向东进入和林格尔。新骑 4 师也奉命穿过大青山，向和林格尔推进。门炳岳主力经过两番夜行军，到达和林格尔西南黑城一带。

1938 年 5 月 25 日，日军从归绥、包头、大同、左云、平鲁多路出兵，在清水河发动“清水河作战”行动，打算一举消灭傅作义第 35 军主力。从归绥出动的日军分 3 路乘汽车向南突进。30 日，几路日军在飞机、大炮掩护下，同时向傅作义军各部发起进攻。黑田重德步兵一部推进到清水河县城东南大小双墩一线，与新编骑兵第 6 旅王子修部激战一日。31 日，傅作义指挥部撤出清水河县城，并命令各部队向偏关撤退。当晚，日军占领清水河县城。

（九）八路军第 120 师协助傅部伏击日军

在傅作义部第 35 军撤退途中，于关河口附近，第 101 师与从包头东援的日军遭遇，激战一昼夜，未能退敌。经由河套前来助战的门炳岳骑兵第6军骑7师向日军侧后冲击，敌始退走。

日军各路追兵中，归绥南犯之敌主力最为猖獗，紧紧咬住第35军主力不放，一直追至偏关附近，试图与傅作义军决战。1938年6月3日，八路军第120师贺炳炎第716团，为掩护傅作义军撤退，在平鲁西坪口伏击日军追兵，毙伤日军多人，傅作义部始得退至偏关附近。6月4日，日军三路围攻偏关，傅作义军向偏关南撤退。6月5日，偏关失守。6月6日，为扭转战局，傅作义将部队撤至偏关西南潜伏，并与何柱国部、门炳岳部、八路军第120师贺炳炎部配合，在日军必经之路挖设陷阱，埋设地雷，做好伏击准备。日军自清水河一路南犯到偏关西，以为第35军只顾逃跑，无心恋战，更不可能反击，于是长驱直入，一头撞进第120师和傅作义等部伏击地域。6月7日晚，日军不支溃退，偏关得以收复。

反攻绥远战役自1938年4月上旬发起，至6月初结束，历时近两个月。傅作义第35军从离石、大武出击，到北上归绥，再到返回偏关，往返1000多公里，大小战斗十几次，毙伤日伪军3000余人，生俘日军数十人，缴获山炮数门、长短枪2000余支、战马400余匹，其他弹药物资甚多，一度收复和林格尔、清水河、托克托等县城，攻击至归绥南20公里昭君坟、一间房地区，配合作战的东北挺进军成功策反伪军慕新亚团反正。傅作义军和马占山部也付出重大伤亡。

五、包头战役

（一）战前形势

日伪军兵力部署 从1939年4月10日开始，日军驻蒙军小岛藏吉为首的骑兵集团即进行所谓“春季反击作战”的准备。其主力为骑兵第1旅团和从察南调来的独立混成第2旅团独立步兵第1大队，于 11 日攻进至包头西北约 90 公里的安北县（乌拉特前旗）大佘太镇，占领安北县东半部。

日伪军在包头及河套东部地区兵力部署情况是日军骑兵集团司令部及主力一部驻包头，该集团的两个骑兵旅团，骑兵第 1 旅团驻包头以东重镇萨拉齐，旅团所属小原一明第 13 骑兵联队驻包头北约 70 公里的固阳；小林一男第 14 骑兵联队驻安北。此外，在包头地区还有驻乌拉山前后的伪蒙古军约 5 个师。

（二）袭击包头之战

国民党军第八战区兵力部署 1938 年 12 月 20 ～ 24 日，蒋介石在陕西武功召集北方各战区长官举行军事会议，讨论作战方针。会上，任命傅作义为第八战区（甘肃、宁夏、青海划为第八战区，司令长官朱绍良，傅作义、马鸿逵为副司令长官）副司令长官，宣布正式组建副司令长官部，要求傅作义率部开赴绥远西部河套地区，指挥该地区所有部队。同时将绥远省由第二战区划归第八战区，并确定傅部补给路线和编制。

1939 年 1 月，傅作义率原第二战区北路军总部部分指战员，从山西河曲经伊克昭盟到达河套地区五原县。不久，傅作义所部陆续从晋西开抵河套。5 ～ 6 月，傅作义在临河百川堡亲自主持抗战建国讨论会，统一思想认识，坚定“抗战必胜、建国必成”的信念。军事方面，经过反复研讨，实施演习和讲评总结，结合对日作战实践，制订出在运动中歼击敌人，攻必克，守必固，奇袭、夜袭、围城打援，退出来打进去，掏心战术，软顶硬打，正顶侧打，甩开各路专打一路，及以欺骗代秘密等一套对日伪军作战新战法。

袭击包头之战（包头战役）开始前夕，重庆慰劳总会派出北路慰劳团到陕坝慰问，对傅部在国防北线艰苦抗日予以很高评价，对傅本人和部队鼓舞很大，促使傅作义下定决心奇袭包头。

夜袭包头 1939年12月19日凌晨，攻城的先头部队孙兰峰新31师第91、92、93团及五原警备旅于霖瑞团、炮25团一个营到达指定位置——包头北黄草洼附近。指挥官孙兰峰率新31师及绥远游击军马逢辰旅、五原警备旅于霖瑞团于12月19日夜开始攻城。刘景新第91团、于霖瑞团为主攻部队，由包头北城墙东西两侧分别登城，安春山第93团向包头城东进展，阻击从东面增援之敌，掩护攻城。

安春山第93团进抵包头西北城门时，看到守敌未发觉，碉堡工事有的无人把守，有的在熟睡，认为机不可失，立即组织突击队登城。时近冬至，气温在零下30多度。官兵们冒着呼啸北风，在星光下越过冰冻的城壕，架设云梯，争先爬城。城上只有几名伪军哨兵（提前已进行策反），发现傅作义军登城，并告以城上无日兵守备。第93团一个营由策反的伪军哨兵引路，一枪未发，迅速全歼守在西北门的日军，打开城门，于霖瑞团立即冲进城内。沉睡中的日军突闻枪炮声，仓促应战。进城部队，有的直指日军驻包头司令部，有的与敌小股阻拦部队巷战，枪炮和喊杀声响彻夜空，战斗异常激烈。至12月19日晚9时，攻城部队占领盘梁以西高地及财神庙街各点。11时，日军步兵从城内东、南方向由坦克掩护进行反扑，双方在城内展开逐巷逐院争夺战。在分割围歼中，日伪军有的被消灭，有的被压缩至日军司令部所在地——绥西屯垦督办公署大院内。

12月20日拂晓，从西门出发的日军“讨伐队”，其坦克、炮兵主力并未发现攻击目标，于日落后返回，城内的日军2个联队、伪蒙古军1个师以及宪兵队、守备队等小部队迅速集结，负隅顽抗，并出动坦克，以强大火力阻截傅作义军。城内爱国居民纷纷为傅军送茶送饭，指引道路。大部日伪军退至敌司令部大院内，城区大部为傅作义军占领。

（三）守城打援

孙兰峰部攻入城内后，傅作义亲临黄草洼新 31 师攻城指挥部，并告以东西两方面都有援敌出现，指示孙兰峰在必要时，要变“攻城打援”为“守城打援”，尽快调整和加强入城部队，扩大战果，同时注视东西两方面增援之敌，务以有力部队予以消灭。并命参谋人员通知新 32 师、第 101 师火速前进增援。

驻在固阳的日军骑兵第 13 联队长小原一明和安北骑兵第 14 联队长小林一男得知傅作义第 35 军等部队攻入包头城内后，各率其部驰援包头。这两支日军骑兵联队正是傅作义要消灭的重点。当其进入预定伏击圈后，傅作义守军随即展开快速猛攻，连续攻击，将小原一明骑兵第 13 联队大部消灭，骑兵第 14 联队除遭到重大损失外，联队长小林一男大佐被击毙。

12 月 21 日晨，日军出动飞机向中国攻城部队轮番轰炸。至下午 1 时，从张家口、大同、归绥赶来增援的日军向攻城部队发起攻势。攻入城内的傅作义部队与日军展开激战，每个据点房院得而复失、失而复得数次,形成拉锯战。日军由城东转龙藏突破新 31 师 93 团阵地，继向黄草洼新 31 师攻城指挥部攻击。此时，第 101 师、新 32 师均相继赶到，第 35 军主力全部投入战斗，向日军发起猛烈攻势，战斗一直进行到深夜。

（四）歼灭援敌

包头战役打响后，董其武第 101 师 302 团从昆独仑召向包头行进时，与从固阳驰援的伪蒙古军于振瀛团遭遇，迅速将其歼灭，俘敌团长于振瀛以下近 300 人。12 月 21 日拂晓前，第 101 师进至包头西北 10 余里的毛鬼神窑子村时，与从大佘太和固阳增援之敌相遇。101 师迅速占领有利地形予以阻击，歼其大部。敌一部窜至西北门附近，遭宋海潮所率之炮兵伏击，被全部歼灭（见图 4−11）。

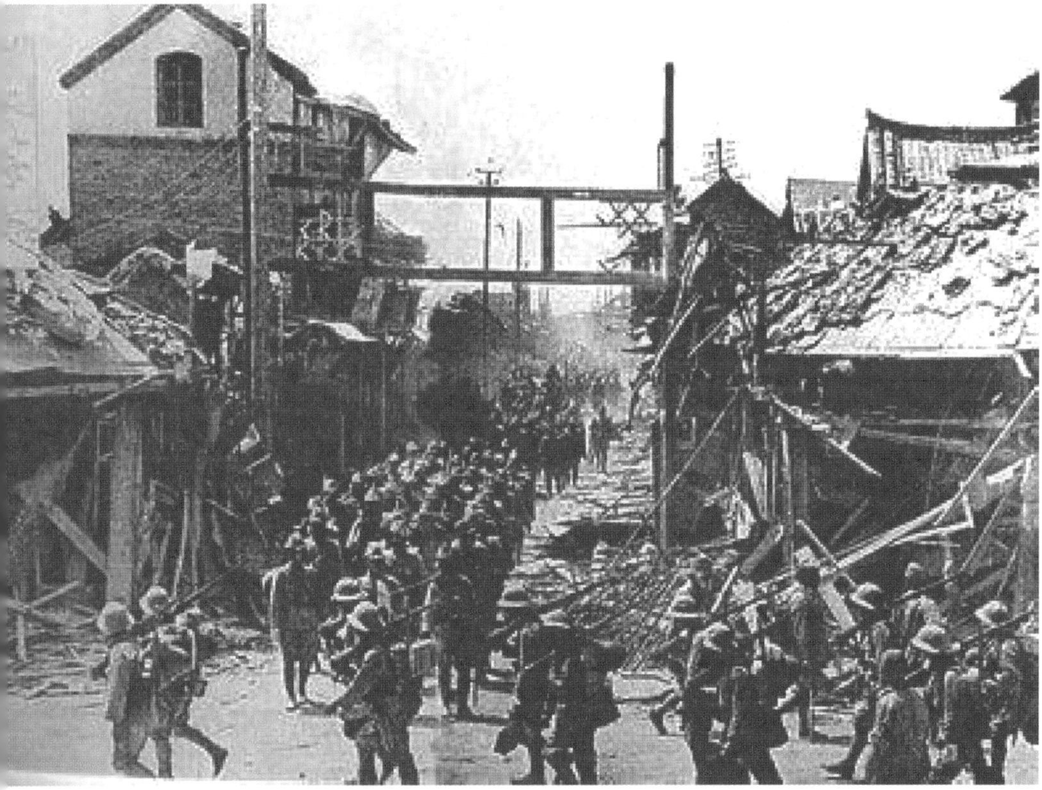

图 4—11 傅作义部肃清占领绥远的日伪军

在前进中，第 101 师虽全歼两处援敌，但向城边靠拢的速度迟滞。当第 101 师抵达城边时，黄草洼已为敌攻占，孙兰峰攻城部队撤至北山脚下，敌我双方在黄草洼展开激烈争夺战。第 101 师一部立即投入战斗，并与各部取得联络。新 32 师也到达附近，彼此配合，展开攻击。黄草洼战斗异常激烈，双方均有重大伤亡。

（五）向五原撤退

1939 年 12 月 21 日下午，由大同、张家口开出的日军增援部队也到达包头，投入对傅作义军的反击，并有飞机轮番轰炸。是日晚，傅作义认为奇袭包头、牵制华北日军的目的已经达到，即下令各部转移。新编第31、32师、马逢辰旅、徐席儒旅及其他部队按预定计划，沿包（头）五（原）南北两条大道向五原撤退。攻入包头城内的孙兰峰等部官兵，在城内继续与敌战斗至12月22日拂晓前撤出城外。第101师担任后卫任务。

当敌发觉傅作义军转移时，傅作义军主力部队已西行多时。敌军以大量战车、汽车尾追。后卫部队第101师采取游击战术，利用大路两旁的丘陵、沙窝、红柳滩和芨芨草丛等有利地形，边退边阻击。王建业第301团掩护师主力撤退。第301团彭光先第3营埋伏于六合成窑子高地一带，王裕民第2营埋伏于乌拉山脚，占据有利地形，与彭营形成梯次配备，实行交替掩护。第3营7、8连猛烈袭击日伪军尾追部队，打退日伪军3次反冲，击毁敌汽车2辆，毙伤敌数十人。8连连长谢轩明及2名排长牺牲，7连连长张华庭负伤，官兵共伤亡50余人。敌另一部丢开第3营继续沿公路追击，遭到埋伏于乌拉山第2营对敌以猛烈火力阻击。第3营官兵绕至第2营后方袭击敌人。如此交替阻击，敌汽车队沿途挨打，损失很大，不敢继续深入，只得将伤兵及尸体装入汽车，原路撤回。12月24日晨，傅作义军主力陆续到达中滩，并分散向五原一带转进。第101师完成后卫阻击任务，沿乌拉山南麓西撤。

包头战役经过3天4夜鏖战，告一段落。傅作义军向西退走后，日军骑兵集团派出步兵6中队、骑兵3中队、坦克队、炮兵队追击。追至昆都仑河一线，没有捕捉到傅作义军主力，遂全部撤回到包头附近，不再往前追击。

（六）包头战役战果

包头战役击毙日军联队长小林一男大佐、小原一明大佐以下军官20余人及日伪军3000余人，俘伪团长1名及伪军数百名，击毁汽车200余辆、坦克3辆，炸毁军火库1座，虏获各种武器、军需品甚多。据《冈部直三郎大将日记》记载，是役，日军被打死打伤 385 人（其中，死 187 人，伤 193 人，失踪 5 人）。傅作义军损失巨大，共阵亡 1960 人，被俘 60 人，丢失山炮 7 门。包头战役给驻守包头、固阳、安北及萨拉齐的日军以沉重打击，吸引住晋北、察南及华北大部日军不能南下，基本达到牵制蒙疆地区日军、配合华南战场打击攻势的目的。

六、绥西战役

（一）日军为“彻底消灭傅作义军”做准备

傅作义军撤退五原后，日军为防止傅部再次进攻，即以“膺惩傅作义”“彻底消灭傅作义军”为口号，决定于 1940 年 1 月 14 日开始先击破驻防鄂尔多斯马占山东北挺进军，然后西进五原，歼灭傅作义军主力。日本驻蒙军司令官冈部直三郎亲自到归绥、包头布置进犯绥西的军事行动：从大同等地抽调日军驻蒙军第 26 师团 6 个步兵大队、1 个炮兵大队；从张家口等地抽调第 2 独立混成旅团 2 个步兵大队、1 个炮兵大队和工兵队；从华北方面军抽调 3 个步兵大队；从太原抽调 1 个飞行队，共计 30000 余人；另有王英伪绥西自治联军 3 个师、伪蒙古军骑兵 3 个师，还有一些空军和特种兵，共计 32000 人。日伪军有汽车 1000 余辆、坦克数十辆以及大炮、飞机等。

（二）傅作义军整训备战

傅作义军奇袭包头、撤退到河套地区后，相当一部分官兵认为敌已丧胆，不敢再来攻城，产生轻敌情绪。傅作义认为，这种情绪极端错误和危险。于是，一面令各部队加强整训备战，一面亲临各部给官兵讲话，分析敌情，要求做好各项准备，随时迎击来犯之敌。

在侦察得到日军将要大举进攻河套的情报后，傅作义于 1940 年

1月15日在五原召开团长以上部队长会议。在认真研究作战计划的基础上，提出战略上要避免同日军打阵地战，战术上运用游击消耗战打法，相机歼灭日伪军有生力量，达到日伪军无法持久占领河套地区之目的。

傅作义命西北“马家军”骑兵马鸿宾第81军、门炳岳骑兵第6军以及绥远游击军、五原警备旅等部，分别在乌加河镇和西山嘴地区阻击日军，第35军集结在五原地区，准备随时机动歼敌。

（三）日伪军三路进攻

1940年1月19日，冈部直三郎向骑兵集团、第26师团及独立混成第2旅团参战部队下达作战预备令。1月23日，冈部直三郎飞抵归绥，设立前线指挥所，1月30日将指挥所移到包头。1月27日，集结在包头地区日伪军分3路向绥西进犯：南路（左翼）由小岛率其骑兵集团、第2混成旅团及王英“绥西自治联军”3个师，取道乌拉山前山及黄河南岸，经西山咀，小部过马七渡口，入侵后套地区；中路（主力）由黑田重德亲率其第26师团，经固阳、大佘太，从乌不浪口进犯五原；北路（右翼）由伪蒙古军骑兵约3个师，经中公旗（乌拉特中旗）分别进犯两狼山、太阳庙。

（四）乌不浪口和乌加河阻击战

战役开始前，傅作义部署作战对策：选择有利地区以主力布置预设阵地，诱敌深入，两面夹击，一举将敌主力黑田部歼灭于运动战中，其他各部队将不打自退。万一不能得手，立即改变方式，将主力隐蔽，以小部队进行分区游击战，阻击和困扰敌人，使敌大量消耗，无法立足。原奉命在乌不浪口方面抵御日军的第35师马腾蛟部，一见日军扑来即展开激烈战斗，但随后日军源源开来，在火炮、坦克凶猛轰击下，伤亡很大，抵挡不住，纷纷撤退下来。

董其武率第101师、孙兰峰率新31师，正在按计划开向各指定地区设置夹击阵地，布置防务。马腾蛟部混乱后撤，日军随后铺天盖地压来。第 101 师王建业 301 团立足未稳，仓促应战。日军只以少数部队作正面钳制，汽车上的主力部队从乌加河镇西绕，向第 101 师后方迂回，企图围歼。待第 101 师向乌加河镇以南地区撤退时，发现日军以汽车布成半圆形大包围圈态势，枪声四起。董其武下令派出阻击队，以密集手掷弹打开出路，亲自指挥第 301 团冲击，杀开一个缺口，率领部队冲出包围圈。突围中伤亡很大，少校军医岳嵩山及所率担架队大部伤亡。第 301 团突围到乌加河镇南 10 余里，已是黑夜，炮兵连没有杀出，第 302、303 团在混战中失去联系。正在万分焦急时，驮着大炮的骡群，无人引导，冲出敌阵，自动成行突围而出，另两个团也联络有讯。此时已到后半夜，董其武命迅速整理部队，由郭景云第 302 团掩护，第 301、303 团向折桂乡转移。

（五）折桂乡阻击战

1940 年 1 月 28 日，日军主力向五原突进。董其武令第 303 团一部继续阻敌，亲率第 303 团进入折桂乡圪堡内，依堡阻击敌人。令第 301 团在堡外占领有利地形，与堡内形成犄角之势，攻敌侧背，并掩护第 302 团向敌后运动。日机发现傅作义军在堡内设防，即狂轰滥炸，企图夺路前进，均被击退。日军屡攻不下，竟施放毒气弹。傅作义军官兵以尿湿的毛巾捂住口鼻防毒，并转到上风地带，与敌恶战。

战至黄昏，双方均有重大伤亡。傅作义电话指示第 101 师坚持到夜间，方可转移。董其武调整部队，第 303 团仍以圪堡作依托从正面反击，第 301、302 团在堡外分左右扇形展开，凭借沙丘，以密集火力，三面攻击。敌前进受阻，向堡子疯狂冲击。待敌逼近时，第 303 团官兵以轻重机枪交叉火力并杂以手掷弹，密集还击。日军猛扑几次，均被打退，双方处于僵持状态。

入夜，第 301、302 团留小部机动兵力掩护，大部和第 303 团按预定序列撤往石板箱圪旦一带，休整待命。折桂乡阻击战比乌加河镇阻击战更为激烈，毙敌约 200 余人。第 101 师也付出不小代价。第 303 团团长王赞臣受伤，王建业团 5 连连长高炳让及排长数人牺牲，士兵伤亡 100 余人。第 101 师在百川堡以北宿营一日，即越过冰冻的乌加河，进入狼山湾休整。

（六）日军占领河套大部地区

1940 年 2 月 1 日，由北线进犯的日军，在飞机、坦克掩护下，向乌不浪口、乌加河镇一带马鸿宾第 81 军 35 师发起猛攻。第 35 军董其武 101 师增援部队赶到后，和骑 6 军一起，与日军激战至黄昏，向狼山转移，日军侵占乌加河镇和乌不浪口。另一路日军沿乌拉壕狼山南麓包（头）—五（原）公路进犯，在黑石虎至三女店及刘存福圪旦之间，遭到预伏该地芨芨草滩中孙兰峰新 31 师猛烈阻击，激战至 2 日，伤亡很大。待其调整队伍反攻时，新 31 师在一人多高芨芨草丛掩护下，徐徐撤至万和长地区。2 月 2 日下午，日军搜索前进，到达万和长，新 31 师又与该敌激战 3 小时。敌在飞机坦克掩护下猛攻，均未得逞，暮色降临，新 31 师撤出战斗，进入狼山南麓。

南线进犯的有日军骑兵集团、独立混成第 2 旅团和伪绥西联军，自包头出动，由前山行进，在蓿亥滩、马七渡口、杨高明圪旦等地被门炳岳骑 6 军第 7 师连续阻击，战斗甚为激烈，双方各有损失。达到迟滞敌人前进目的后，骑 7 师沿黄河南岸库布其沙漠边缘向西转移，撤至惠德成地区。2 月 2 日黄昏，沿包五公路进犯五原的日军一部，在四牛头圪旦一带，为隐伏该地的新 32 师伏击，双方肉搏血战 4 小时，师长袁庆荣下令脱离战斗西撤。

经过连续几天战斗，日军骑兵集团和第 26 师团于 2 月 3 日上午，分别从南、北两个方向进入五原县城内，并立即派出第 26 师团主力向临河、陕坝一带追击傅作义军，派骑兵主力向沙河渠以东地区扫荡。

2月4日下午，第26师团搜索队占领临河。2月5日晚，又占领陕坝。同日，伪蒙古军也从中公旗越过狼山，进入百川堡西北，截击往西撤退的傅作义军。至此，日伪军基本占领杨家河干渠以东河套大部地区。

（七）鄂尔多斯地区的抗战活动

1938年3月3日，由日军指导官及一个炮兵中队督战，伪蒙古军骑兵第8师1700余人从达拉特旗南上进攻东胜城，上午10时后包围并用重炮猛轰东胜城。国民党守城第22军86师515团2营400多名官兵在营长李涵芳指挥下固守城池，进行顽强抵抗。12日凌晨，赶来增援的515团1营某连近百人在城郊与日伪军决战阵亡，城内2营也伤亡百余人。至12日午前，515团团部官兵、邬清云部、段宝山部和东胜县及郡王、札萨克两旗保安队等近2000人先后赶来参战。下午1时，日伪军向北败退，515团及各参战部队乘胜追击，一直追击至大树湾止。这次战斗，消灭日伪军约400人，俘130多人，缴获各类枪400多支及骆驼、车马等。日军在攻城未果的情况下，占领东纳林、什拉乌素、神地湾、沟心召、大塔，但都遭到中国军队的顽强抵抗。

七、五原战役

（一）傅作义部署收复五原

绥西战役后，傅作义重新部署、发动收复五原战役。各部以反攻五原为目标，积极展开技术练兵，进行夜战、巷战、爆破、防空等训练和演习，并注意解决士兵生活问题。后勤部门从米仓、杭锦旗等地购入大批猪羊菜蔬改善伙食，挖出埋藏在沙窝中的粮食、弹药，从宁夏石嘴山仓库运来各种军需品补充各部。政工干部会同动委会人员深入各乡动员群众，帮助部队做侦察敌情、运送弹、粮秣、抬运伤兵等工作。为提高战斗力，减少层次，将师编为团，团编为营。傅作义和指挥部人员轮流到各部视察，观看演习，具体指导。

（二）掏心突击队夺取五原城内据点

1940年3月20日下午，傅军组织800名“掏心”突击队员由黄合元出发，紧急拆除附近“锦秀堂”牛犋（西牛犋）房屋的椽檩，架设浮桥，部队顺利通过。黄昏时部队向五原急进，在距城七八里四大股庙附近，抓到伪守备队一名哨兵，得到敌当晚真实口令。先头部队第一纵队到达五原城门，对上口令后，立即杀死日军哨兵，伪军哨兵当即投诚。先头部队顺利占领城门，掩护突击队奔进城内，向各预定目标袭击，从房上将手榴弹投入日军营地，全城雷动。

3月20日晚，傅作义军攻入城内。日军从梦中惊醒，仓促应战，有的被炸死在床上，有的刚出门即被击毙。激战至21日凌晨，傅作义军切断五原敌人各部之间的电话线，使其联络中断，并集中兵力猛攻五原特务机关和王英伪绥西联军司令部。桑原荒一郎指挥筱原市之助辅佐官以下特务机关员14人、日本工兵12人、伪蒙古军30人、警察40人，在特务机关建筑物内拼死抵抗，企图等待日军救援。傅作义军相继占领皮毛店日军司令部、实验小学、粮食仓库、屯垦合作社、弹药库、谭统领公馆、直鲁豫公馆、耶稣堂、天主堂九大据点。天亮，日机低空盘旋，因不辨目标，最后将炸弹投向增援的伪军守备队。义和渠以东日伪军至此大部被消灭，其余多逃往屯垦办事处、平市官钱局两个据点，负隅顽抗。3月21日上午8时，10余架日机向城内四周攻城部队和日军顽守据点周围民房投弹。接着，部分日军由屯垦办事处出来反攻，突击队官兵用手榴弹将其打回。午后，桑原荒一郎登上屋顶指挥，被从前方射来的流弹击中腹部毙命。筱原市之助代理机关长继续顽抗，结果头部被击中倒地，摆出武士道精神，十字剖腹，同时令特务机关员成濑用手枪射向其眉心。

僵持到3月21日午后，新31师部队同突击队会师，傅作义派参谋人员率炮兵第3营赶到，在步炮兵协同攻击下，战斗到22日下午，将这两个据点日军彻底消灭。至此，五原城全部攻克。

（三）引水泛滥 阻敌援军

1940年3月，傅作义在亚马来军事会议上决定乘黄河解冻、冰消地开之际，消灭日伪军，收复五原。当时确定新六旅的战斗任务是破坏五原以北乌拉濠堤坝，引水泛滥万和长至五原小路，改占万和长，随即破坏桥梁，占领阵地，组织由包头大佘太向五原增援的敌人。当时新六旅虽然是旅的番号，实际只有3个步兵营，迫击炮、机关枪通讯和警卫各1个连，全部兵力共约700人，旅部驻马桂圪旦，面对的敌人是伪蒙古军骑兵第八师。两军相比，兵力悬殊，相差很大，但地形地物对新六旅有利。因为马桂圪旦地处五加河与乌拉壕之间，地形复杂，周围全是红柳、只芨滩并有沙梁作屏障。

3月17日，傅作义决定在3月20日反攻五原，令新六旅于19日夜8时半由马桂圪旦出发，20日晨2时到达乌拉濠堤坝以西地区占领该地。新六旅按傅作义的命令，准时到达指定地点，当即下达破坏堤坝的命令：第一营（曹子午营）随机枪1挺，渡乌拉濠，占领老杨桂圪旦至北山一线阵地，准备迎击万和长来犯之敌，掩护第3营破坏乌拉濠堤坝部队左侧的安全。第二营（王子余营）附机枪排，占领老杨桂圪旦南岸沙梁阵地，准备迎击万和长、二财主圪旦进攻之敌，掩护第3营破坏堤坝部队正面和右侧的安全。第3营（欠1个连）和旅直属部队为预备队，集结在堤坝西端沙梁内待命，旅部随预备队行动。

命令下达后，爆破队即破堤施工。为了使爆破行动秘密进行，开始以镐挖掘，但天寒地冻，进度很慢，天将破晓，预定挖掘的3个水口，仅完成一半。这时，听到五原方向传来的枪炮声。为了迅速完成任务，当即决定用黄色炸药爆破。只听到几声轰隆巨响，堤坝被炸开3个大口。顿时，乌拉濠的水如脱缰野马冲向东南。清晨6时半，万和长、二财主圪旦约300多名伪蒙古军分两路向2营阵地反击，战斗约1小时，敌人不支退去。到7时半，据2营侦察员报告，乌拉濠的水已将万和长至五原的公路淹没数段，人马和车辆已不能通行。

爆破堤坝的任务完成后，新六旅旅部及所辖3个营迅捷向万和长推进。20日上午10时左右，新六旅1、3两营到达万和长周围后，1营由北、西两面，3营由南面，向万和长的敌人发起进攻。伪蒙军200余人，开始凭借万和长工事猛烈还击，继而力衰不支，11时左右，弃村向东溃逃。1、3两营随即进占万和长，并彻底破坏该处桥梁。

中午12时，为阻止日寇增援五原，新六旅对兵力重新部署。下午3时许，由包头经大佘太向五原增援的日军快速部队袭来。旅部当即命令第1、2营严阵以待。4时，果然有日寇汽车80余辆，满载日军开抵万和长以东地区。经过激烈战斗，3营主动撤退，日军进占万和长，并派部队渡过乌拉濠，但旋即退回，原因是公路被水淹没，到处水坑泥泞，汪洋一片，人车不能通行。到傍晚6时许，全部增援日军又乘车原路退回，新六旅重新占领万和长。

（四）日军增援受挫

1940年3月21日，驻蒙军出动骑兵集团及第26师团步兵联队进攻乌加河左岸，遭到傅作义军阻击，未能渡河。23日，日军由骑兵集团担任主攻任务，另从第26师团、独立混成第2旅团调集6个大队、1个炮兵大队、1个工兵队、2个汽车中队等，火速派往包头投入战斗。3月24日，增援五原的日军大部队密集乌加河畔，以数十门火炮向茅庵子圪旦傅军第301团阵地轰击，并以10余架飞机配合，轰炸射击，掩护步兵乘橡皮船渡河。第301团官兵浴血抗击，伤亡惨重，营长冯增波、连长郝宝瑞等阵亡，团长王建业臂部受伤。敌乘势渡河，并迂回至第303团背后，从桥后夺占桥梁，攻势极为猛烈。团长宋海潮身中7弹，洞穿大肠，昏死阵地，随从人员大部分牺牲。当时，傅作义认为攻击五原已获成功，阻击敌人已无必要，命令主力转移至五原西北梅令庙附近集结待命。

3月25日下午，日军强行渡河，一部进入五原城。绥西警备军剩余人员随同日军一起，在城内外搜尸。但经过多日战斗，战地已成瓦砾一片，敌尸因火烧狗吃，难以全数寻获。同时，敌占期间的汉奸田喜亭、刘子俊、杜凤山等人被傅军全部处死。傅军突击小组又不时夜袭，日军心存畏惧，将找得的部分敌尸焚化装灰，仓皇逃出河套。3月29日，日军从五原向北经万和长撤回安北、包头等地，傅作义军再次进入五原城，并恢复乌梁素海、西山咀一线以西的原有地盘。五原战役宣告结束（见图4–12、图4–13）。

（五）五原战役双方伤亡情况

五原战役歼灭日伪军5000余人，其中，击毙日军步兵联队长大桥大佐、特务机关长桑原荒一郎中佐及其特务人员、伪蒙古军顾问中

图4–12　五原战役中，战士们用机关枪打飞机

图 4—13　五原战役中，老百姓踊跃支援抗敌将士

岛少佐、警务指导官内久保作、特务官员池田浜崎以及尉官以上的警务官和到五原勘矿的技术官员共300余人，击毙日本兵1100余人，生俘日军指挥官观行宽夫、警务指导官浅沼庆太郎、西田信一和伪军师长等50余人，俘获伪蒙古军和伪军1800余人，缴获各种炮30余门、汽车50余辆、轻重机枪50余挺、步枪3000余支、毒气筒1000余个、电台2部及橡皮船及大量军用物资，焚毁、击损敌武器装备不计其数。

傅作义军也付出重大代价，伤亡多人。团长贾世海、营长赵寿江、阎梦云、冯增波、随第302团作战的团政治部主任李冰泉及连排长30余人均为国捐躯。第101师3个团长和宋海潮团长负重伤。此外，师长袁庆荣、团长安春山、营长杨廷璧等亦均中弹负伤。

傅作义军发动的五原争夺战，牵制了日军主力南下，有力配合了全国各抗日战区其他战役。1940年4月5日，蒋介石给傅作义发嘉勉电，指出五原之捷“不仅保障西北，而且奠定收复失土、驱逐敌寇之基础。在抗战全局上，关键尤为重要，功业彪炳”。

第三节　国民党其他部队的抗战与三位女将军

一、马家军

（一）国民党骑6师与刘桂五

旗下营抵抗进犯日军　1937年10月初，在空军和炮兵火力掩护下，日军3万余人大举进犯绥远。刘桂五部在旗下营一线顽强抵抗日伪军，激战9昼夜，双方损失惨重。11日夜，刘桂五亲率骑兵，王景阳副师长率步兵，兵分两路，夜袭敌阵，打得日伪军措手不及。此战，刘桂五骑6师官兵以伤亡200余人的代价，歼敌600余人，击毁敌坦克3辆、铁甲车1辆，缴获许多军用物资。绥远商民闻讯，集资慰劳刘桂五部。日军见西进受阻，即用一部兵力牵制刘桂五部，另抽兵力绕道夺取凉城，然后挥师北上，于10月14日占领归绥。刘桂五率部退守包头，在陶思浩、公积板等地继续与日军作战，坚守阵地3昼夜，打退日军多次进攻，尔后率部退到五原。

转战伊盟和绥西　1937年11月15日起，刘桂五率部长途奔袭数百里，克复东胜，消灭大量日伪军，粉碎日军妄图挟持蒙古王公归顺日本的阴谋。12月12日，日军受到打击后，集中精兵3000余人，再次进攻，准备夺回东胜。刘桂五分兵四路出击，于18日在黑洞沟痛击日军，激战半日，歼敌300人，迫使敌人狼狈撤回。12月16日，刘桂五率部击溃伪蒙古军森盖林沁部，森盖林沁率残部逃逸。12月底，在准格尔旗大营盘 5 天激战中，在骑 3 师配合下，刘桂五率部击溃日伪军步、骑、炮兵数千人，击毁敌装甲车 20 余辆，并刀劈日军指挥官。

1938 年 2 月，马占山命令刘桂五为总指挥，率部在准格尔旗激战两昼夜，歼敌 200 余人，击破日军企图侵占伊克昭盟的阴谋。马占山策动伪蒙古军刘盛五部反正，残敌退去。4 月 1 日，马占山、刘桂五亲率精兵北渡黄河，准备进攻归绥、包头。4 日，马占山克复托克托县，俘虏伪团长门树槐及其官兵 200 人。6 日，刘桂五率部横扫萨拉齐之敌，攻下萨拉齐车站，缴获大量战利品，焚烧日伪仓库，迫使日伪军退守绥、包。4 月，挺进军从高隆渡口过黄河，向敌后归绥、百灵庙一带挺进，意在向东开辟新战场。途中，刘桂五率部夜袭察素齐车站，毙敌 100 余人，烧毁敌大量军用物资。日军集中各路兵力和装甲车 120 辆，在飞机和骑兵部队配合下，拼命堵击。刘桂五指挥部队快速突袭，夜袭武川之敌。在 30 辆装甲车支援下，日军原口联队 1000 余人赶来救援，双方发生激战。驻武川伪蒙古军骑兵第 25 团向刘桂五部左侧袭击。双方激战 3 昼夜，相持不下。日军冈本混合部队也赶来增援，在空军、炮兵及装甲车火力支援下，将刘桂五部包围。战况日趋激烈，刘桂五部伤亡巨大。

刘桂五殉国 1938 年 4 月 21 日晚，马占山率部转战到安北县黄油杆子一带。连日激战，人困马乏，马占山本人又患重感冒，当晚宿于黄油杆子村。刘桂五率部奋勇抵抗日伪军的围攻，在大量杀伤敌人后，奋力突出重围，也转战至安北县，宿于邻近村子。不料，日军 100 余辆汽车、50 多辆装甲车载数千人马跟踪而至，于 22 日拂晓将黄油杆子村包围，企图一举歼灭马占山部。马占山下令四面出击，分散敌人兵力。刘桂五亲临前线指挥作战，利用骑兵优势突破日军包围圈，但见马占山仍在重围之中，又率部杀回，从背后迅猛打击包围马占山司令部的敌军。敌人被击退一批，外围又迅即扑上一批，包围圈难以突破。马占山组织反冲锋，里外夹击，终于撕开裂口，乘势冲出重围。激战至午，刘桂五部击毁敌装甲车 3 辆，歼灭日军联队长龙野部 100 余人。正在这时，一颗炮弹炸伤刘桂五腿部，鲜血染透军裤，他裹好伤口，继续指挥作战。将士们看到师长受伤，迅速从四面汇集援救。日军见状，遂集中力量，企图将刘桂五生擒。数名战士牺牲，刘桂五喝令战士不得援救，战士们个个感动万分，作战更加奋勇，人人争先杀敌。双方战至下午 4 时左右，日军又以猛烈炮火轰击刘桂五部阵地，一颗炮弹在他身边爆炸，弹片炸开其腹部，刘桂五翻身落马，扑倒在地，他挣扎着支起身子高呼："杀敌、杀敌！" 尔后，气绝身亡，壮烈殉国，时年 36 岁。此役，挺进军毙敌 1000 余人，击毁敌装甲车 20 余辆，但骑 6 师也几近全部壮烈牺牲。

（二）马占山在伊克昭盟抗战

1937 年全国抗战爆发后，马占山（见图 4-14）被任命为东北挺进军司令，兼管东北四省招抚事宜。他亲自率领部队，在绥远一带与

图 4-14 马占山

日军浴血奋战。1937 年 10 月，绥远、包头沦陷后，黄河北岸全部被日伪军控制。在日军操纵下，以德王、李守信为头目的伪蒙疆政府派遣间谍四处活动，引诱或胁迫蒙古上层分子卖身投敌。黄河南岸伊克昭盟个别王公贵族有的已屈节趋附，引狼入室。12 月，马占山被加任为东北挺进军总司令，奉命“警卫伊盟，兼守河防”，拒敌于黄河以北。所部有骑 3 师（师长井得泉）、骑 5 师（师长慕新亚）、骑 6 师（师长刘桂五）、骑 7 师（师长门炳岳）、抗日先遣军（司令白凤翔）及多支游击队。

1937 年 12 月 18 日，马占山率部向达拉特旗树林召附近日伪军发起攻势，激战数日，生擒康达多尔济（康王，后押往重庆），日伪军率残部逃逸。

绥远、包头沦陷后，晋西北偏关、河曲、保德等县也相继沦陷。战火蔓延到府谷，日军有西窜之势。马占山指挥东北挺进军与日伪军进行大小 10 余次战斗，牵制日伪军兵力，迫使侵犯偏关、河曲、保德、府谷的日伪军撤退，黄河以南大片国土得以保存。

东北挺进军与日军鏖战期间，特务营及骑兵第 6 师步兵团再度攻克托克托县，迫使进袭偏关、保德之敌撤回增援。20 日晚，马占山挺进军突围至黄油杆子村。22 日，日军在飞机协助下，以 100 余辆汽车载 1000 余名日军前来袭击，遭到挺进军官兵顽强抵抗，战斗十分激烈，刘桂五等率部英勇冲杀，死伤惨重。不久，日军大批援军赶到，终因寡不敌众，师长刘桂五、营长张悦新为国捐躯。马占山突围转至五原，渡过黄河，率余部撤回哈拉寨休整。

位于黄河南岸的伊克昭盟，由于马占山及其他国民党军队不断袭扰日伪军，驻包头日军只能被动保点（城镇）守线（铁路、公路），面对抗日部队频繁袭击，一筹莫展。同时，马占山对顽固亲日派分子予以坚决打击，对动摇于抗日力量与敌伪势力的中间分子，通过多种方式，或斗争，或争取，使蒙古上层中投降日伪阴谋得到有效遏制，保住伊克昭盟 7 旗未沦陷于日军之手。

（三）马鸿逵及马家军的抗战

马鸿逵，西北军阀“四马”之一，先依附冯玉祥，后投靠蒋介石，任宁夏省主席长达 17 年，集军政大权于一身，被人称为宁夏“土皇帝”。

1937 年 7 月 7 日，“七七事变”后，日军侵占张家口、大同、绥远、包头一带。1937 年冬开始，马鸿逵在石嘴山一带分 4 期修筑国防工事，并在石嘴山尾闸一带挖掘宽、深数米的壕沟，上面覆盖浮土，作为伪装，以阻止日军装甲车及重型武器通过。马鸿逵在磴口、三盛公以北 100 余里内，断绝一切主要道路，横挖深壕，破坏日军进入宁夏的道路。宁夏北部黄河渡口两岸及贺兰山通道均被削为陡峭绝壁，重要通道口设置阻绝阵地，隐藏埋伏炮兵，以阻击来犯日军。

日本在额济纳旗东庙间谍据点由少将江崎寿夫担任机关长，此人是个“中国通”。他率特工人员到东庙后，用财物开道，拉拢地方头面人物。在日本间谍威胁利诱下，得到额济纳旗蒙古族头领图王、塔王袒护纵容，日本间谍机关不断扩大和完善，到 1937 年，东庙已有日本间谍 10 余人、汉奸 50 余人，手枪、步枪 200 余支，汽车 3 辆，无线电台 2 部，确立固定物资运输线，不断运输补充生活和军用物资。日本间谍还以东庙为基地，在宁夏银川和甘肃酒泉、张掖、武威等地活动，公然穿着军服到处进行调查和地形测量，绘制地图。

1937 年春，马鸿逵命宁夏省民政厅厅长李翰园取道兰州、酒泉，前往额济纳旗取缔日本间谍机关，将日本特务全部逮捕关押。搜查东庙日本间谍机关及红柳窝仓库，逮捕 5 名主要汉奸。东庙特务机关被全部肃清。同年 7 月，李翰园率队从东庙启程，将日本间谍和缴获的大批罪证押回。16 日，返回途中，李翰园到达酒泉，火速派人前往古鲁乃堵截日本间谍押送航空汽油的驼队，将横田机关长等 3 名日籍间谍悉数逮捕归案。9 月 2 日，抵达兰州。经过审判，报南京国民政府批准，14 日，在兰州安定门外刑场，将 18 名日本间谍和汉奸全部处死。

1937 年 11 月，蒋介石将甘、宁、青划为第八战区，任命朱绍良为第八战区司令长官，任命傅作义、马鸿逵为副司令长官。马鸿逵第 15 路军、马鸿宾第 35 师合编为第 17 集团军，任命马鸿逵为集团军总司令，马鸿宾为副司令，归属第 8 战区副司令长官傅作义指挥。又将驻宁夏南部马鸿宾部第 35 师扩编为国民革命军陆军第 81 军，马鸿宾为军长，其子马敦靖为参谋长。又任命马鸿宾为绥西防守司令，统一指挥绥西各部队进行抗日。马鸿宾抗日态度较积极，他将第 35 师作为主力，在绥西抗日战场上奋勇杀敌，为抗战做出了贡献。

马光宗，1936 年 8 月任第 11 军骑兵第 1 旅少将旅长，1937 年 11 月任第 17 集团军骑兵指挥官兼骑兵第 1 旅旅长。1938 年 5 月，奉命接受马鸿宾指挥，率领马鸿逵部骑兵第 1 旅、骑兵第 2 旅，同第 35 师开赴绥远省西部五原、临河抗日前线，统归傅作义指挥，参加对日作战。1938 年 7 月，马光宗率骑 2 旅经 3 小时激战，摧毁李守信伪蒙古军、王英伪军一部驻守临河县察汗格尔庙的据点，受到傅作义通令嘉奖。

二、国民党其他地方部队的抗战活动

（一）绥远民众抗日自卫军

1937 年，日军占领省城归绥后，绥远民众抗日激情高涨。国民党绥远省党部主任委员潘秀仁、高等法院院长张钦、包头地方法院院长于存灏、中山学院院长白映星、省政府秘书张遐明、绥远省民众图书馆馆长邱明星等，联合一批绥远国民党党政部门和教育文化界人士为骨干，经阎锡山批准建立绥远民众抗日自卫军（简称自卫军）。

自卫军按官兵所在地区为单元，每个单元称为一路，按成立先后排序。在大青山地区共分 8 路：第 1 路在萨拉齐县东部；第 2 路在包头县境内；第 3 路在归绥、清水河县境内；第 4 路在武川县境内；第 5 路在萨拉齐县南部和托克托县北部；第 6 路在丰镇、凉城、集宁 3 县境内；第 7 路在萨拉齐县西部；第 8 路在固阳县和茂明安旗境内（后因第 1、7 路联络不上，遂改作 6 路）。另在国民党统治区河套和伊克昭盟分别成立第 9 路和第 10 路军。自卫军最上层机构为总指挥部，也称总部。总指挥张钦，副总指挥潘秀仁、于存灏。总部内设秘书、参谋、副官、政治、军需、军械、军医、军法 8 处；每一路设司令部，委任司令、副司令、参谋长，主要由国民党地方党政要人和实力派充任。号称 3 万人，实际在大青山地区不到 1 万人。1937 年 10 月，自卫军总指挥部及部分人马，在张钦、于存灏带领下，经伊克昭盟退至山西河曲县。

1939 年 10 月下旬，为提高部队组织性和战斗力，自卫军开始轮训班长以上干部，地点设在燕落窝。特邀请共产党干部每周讲课两次。同期，自卫军还根据国共两党达成的协议，让出大青山井儿沟、官地后窑子等地区，作为八路军大青山支队抗日基地，建立共产党抗日动员委员会基层政权。1940 年初，邱明星奉命率领自卫军第 4 路进入绥西河套地区，参加五原战役。

（二）绥远国民兵

为发展和壮大抗日武装力量，傅作义决定对绥远地区 18 岁以上壮丁全部进行 3 个月军事训练，然后按部队编制组织成连队，由元庆增任司令。凡为国民兵大乡的乡长即为国民兵联队长，遇到紧急情况，可以各自为战，或者联合抗敌，保卫家乡。由此，国民兵成为一支不在编的重要抗日武装。

三、抗日女将军

（一）奇俊峰的抗日活动

奇俊峰，蒙古名为色福勒玛，1915 年生于内蒙古阿拉善和硕特旗定远营一个蒙古贵族家庭。她 5 岁起随寡居的姑母诺月朋生活。姑母以姑父的汉姓为她取名奇俊峰。

抗战开始后，奇俊峰迅速召集本旗军政官员，明确宣布如下施政纲领：1. 坚决接受绥远省政府的领导。2. 团结一致，提防亲日派挑拨离间。3. 减轻百姓负担，不允许向牧民乱行摊派。4. 军队要严守纪律，严禁抢夺民财和侮辱妇女。四条施政纲领一经公布，受到全旗百姓、各界爱国人士的拥护和支持。

1937 年 10 月，奇俊峰与驻守五原县国民党军骑兵第 7 师师长门炳岳取得联系，表示愿率部赴五原参加抗日，门炳岳当即回复，欢迎她加入抗日队伍。1938 年初，奇俊峰一行经过一整夜急行军，安全抵达五原县城。门炳岳立即与之相晤，热情慰勉，同时发电向国民党中央报告详情。蒋介石在复电中对奇俊峰慰勉有加，行政院、军政部也来电慰问。《中央日报》以醒目标题报道，称奇俊峰是“第一个从日伪占领区投向抗日阵营的蒙旗王公”。

在她的鼓舞下，东公旗额王的福晋巴云英、茂明安旗奇王的福晋额仁钦达赖也冒着巨大危险，毅然摆脱日伪军压迫，投奔到抗日阵营中。她们被尊称为抗日战争时期的 3 位“女王”。

（二）巴云英的抗日活动

清光绪二十五年（1899 年），巴云英出生在土默特特别旗所辖右翼六甲第五苏木（包头市郊区沙尔沁乡八拜村）一个封建没落贵族家庭，蒙古名为德力格尔，乳名四女子。“七七事变”后，包头沦陷。

巴云英不甘当亡国奴，当得知西公旗奇俊峰加入驻陕坝国民党部队，决定步奇俊峰后尘。来到陕坝后，巴云英得知奇俊峰已去重庆，便随后前往。她向重庆方面畅谈抗战志愿，得到为其补给军需的许可。回到陕坝后，巴云英立即跟史钦芳一起着手组织军事力量。他们召集史钦芳旧部，组成 100 余人游击队，又在河套地区招收人马，扩充组建、整编为两个团，巴云英任司令，史钦芳任副司令。她率领队伍辗转于旗境南部山区、包头后山一带，宣传抗战，招兵买马，开展抗日游击活动，还和马占山部一起打游击。

1938 年 4 月，固阳县城被国民党部队攻破后，巴云英率游击队活捉 40 名向包头方向溃逃的日伪军，缴获 40 支步枪和手枪，还有 2000 余发子弹和 50 多颗手榴弹。敌军闻讯后，派 500 多名骑兵围剿巴云英部，被巴云英部击毙 100 多人，缴获 50 多匹战马和 60 多支步枪、手枪。巴云英游击队名声大振。

1940 年，巴云英携子贡嘎色楞应邀赴重庆谒见蒋介石、宋美龄夫妇，被晋升为陆军中将，并允其所求，供给武器和经费。返陕坝后，在傅作义支持下，加紧敌后策反和后山游击战，配合国民党军队多次作战。

（三）额仁钦达赖的抗日活动

额仁钦达赖，原名巩德玛，1913 年出生于今达茂联合旗希拉穆仁苏木一贫苦牧民家庭。抗战爆发后，丈夫齐木德仁钦好日劳积极参加抗日活动。在丈夫的影响下，额仁钦达赖怀着强烈的爱国热情，积极参与丈夫组织的抗日活动。1942 年 3 月，由于叛徒告密，齐木德仁钦好日劳被日本特务机关逮捕，监禁 1 个月后被秘密杀害。

1943 年正月，额仁钦达来秘密策动反抗日本侵略者、惩治蒙奸的武装政变，将卖国求荣、残害同胞的蒙奸额尔敦朝克图绑到南山执行枪决。随后，额仁钦达赖率领政变起义人员向西挺进，开赴河套陕坝，投奔傅作义，加入武装抗日行列。同年秋，在傅作义支持下，在陕坝成立茂明安旗临时札萨克政府，额仁钦达赖被任命为代理札萨克，兼旗保安司令。国民党政府授予额仁钦达赖国民革命军少将军衔。她倾其所有组建起一支抗日部队，一直跟随傅作义战斗在抗战前线。

第五章

抗日战争的胜利

苏蒙联军出兵东北满洲里，同时又从锡林郭勒、乌兰察布地区出兵，以风卷残云之势，打击了盘踞在东北地区长达14年的日本关东军与内蒙古中部地区的日本侵略军。为彻底打败日本侵略者，八路军、东北抗日联军等抗日武装力量积极收复并接管失地，从而迎来抗日战争的伟大胜利。

第一节　苏蒙联军出兵与中国军队的反攻

一、苏蒙联军出兵东北

从 1945 年 8 月 9 日开始，苏蒙军队 150 余万人在东北抗日联军的配合下在中国东北和朝鲜北部总长 4000 多公里的战线上，对日本关东军发起总攻。苏军第 17、36、39、53 集团军，近卫坦克第 6 集团军和苏蒙骑兵机械化集群越过中苏、中蒙边境，分 4 路向内蒙古东部和西部地区挺进。一路沿满洲里、海拉尔、扎兰屯一线，一路沿阿尔山、五岔沟、王爷庙、通辽一线，一路沿乌珠穆沁、林西、赤峰、承德一线，一路沿西苏尼特、多伦、商都、张家口一线，迅速推进，很快将顽抗的日军消灭。8 月 9 ~ 14 日，先后占领满洲里、海拉尔、牙克石、突泉、索伦、王爷庙等地。15 日，日本正式宣布无条件投降后，日军仍未放下武器。15 ~ 17 日，苏、蒙军先后占领林西、乌丹、通辽、赤峰、博克图、扎兰屯等城镇。10 ~ 16 日，苏蒙骑兵机械化集群在普列耶夫指挥下联合作战，向多伦方向疾进，很快将这一方向的日军和伪蒙古军击溃，先后攻占多伦、康保、张北等地，19 日占领承德。至 22 日，苏蒙联军共推进 950 公里，并占领长春、沈阳、大连等城市。其间，处在日军严密控制下的伪满洲国兴安军、伪蒙疆政府的蒙古军官兵，纷纷调转枪口，杀死日本军官，或发动起义，或向苏蒙联军投诚。苏联红军所到之处，受到中国军民的欢迎（见图 5–1）。

8 月下旬，苏联红军在攻占海拉尔日军筑垒地域，特别是敖包山

图 5—1 中国军民欢迎苏联红军

主阵地时，付出重大牺牲。据统计，先后有 1130 名官兵为此献出生命，其中大尉以上军官 15 名（内有上校 1 人）、上尉 28 名、中尉 48 名、少尉 35 名、准尉及列兵 1000 余名。战后，为纪念同日军英勇作战牺牲的苏联红军官兵，驻海拉尔市苏军司令部与市政当局在市内头道街和小孤山组织修建苏联红军烈士陵园、烈士塔（墓）。满洲里市（以少校托洛波夫为首的 56 名官兵牺牲）、巴彦托海镇（有 6 名官兵牺牲）、牙克石市（42 名官兵牺牲）、三河（12 名官兵牺牲）、扎兰屯市（5 名官兵牺牲）也在此前后修建苏联红军烈士陵园、烈士塔（墓）。

二、中共军队的反攻

1945 年 8 月 9 日，中共中央主席毛泽东发表题为《对日寇的最后一战》的声明，号召中国人民的一切抗日力量举行全国规模的反攻，密切配合苏联及其他盟国作战，对一切不愿投降的侵略者及其走狗实行广泛地进攻，猛烈地扩大解放区。10～11日，延安总部朱德总司令连续发布7道命令，其中4道命令涉及绥蒙地区，命令八路军向绥察热挺进并配合苏蒙联军作战，迫使敌人投降。

1945年8月14日，中国国民党政府在与苏联多次会商的基础上签订《中苏友好同盟条约》，基本接受《雅尔塔协定》中有关中国的规定。7月26日，美、英、中三国首脑联合签署《波茨坦公告》，对日本发出最后通牒，提出同盟国军对日实行和平、停止战争的条件，限令日本无条件投降，否则将遭到彻底毁灭。8月6日、9日，美国在日本广岛、长崎分别投下两颗原子弹。8月8日、10日，苏联和蒙古人民共和国向日本宣战。10日，日本向全世界广播，向中、美、英、苏四国投降。15日中午，天皇裕仁以广播《停战诏书》的形式，宣布接受盟国的《波茨坦公告》，正式宣布日本向盟国无条件投降。17日，日本天皇发布敕谕，命令所有武装部队停止一切战斗行动，向同盟国投降。9月2日上午，由美、中、英、苏以及其他对日作战的战胜国接受日本投降。标志着中国人民抗日战争暨世界反法西斯战争胜利结束。9日，中国战区的日本投降仪式在南京举行。

第二节　抗联与八路军收复失地

一、抗联参与接管东北和内蒙古东部沦陷区

在苏军出兵东北时，东北抗联主力部队分成 3 路，配合八路军、苏联红军参加解放东北的斗争：一路由冯仲云率领向沈阳进发；一路由李兆麟率领挺进哈尔滨；一路由周保中率领进驻长春。抗联指战员 200 余人参加苏军先遣队。他们全力配合苏军的正面攻击，使关东军的机场、铁路、桥梁、堡垒等目标迅速被摧毁。还有部分抗联人员分别配备在苏军各野战军担任向导，大部抗联人员被分配到各地区卫戍部队担负协助苏军清除敌伪残余、维持地方治安的工作。9 月，随苏军最先进入东北的东北抗日联军改称东北人民自卫军，到 10 月中旬，自卫军发展到 4 万多人，积极开展肃清日、伪残余的斗争。

二、八路军挺进和接管中西部沦陷区

1945 年 8 月 13 日，八路军解放兴和城（见图 5−2）。14 日起，晋察冀军区的冀热冀军区按照延安总部的命令，兵分三路挺进东北和内蒙古东西部地区：西路由冀热辽军区第 14 军分区所属 13 团、北进支队组成，向承德、围场方向进发；中路由冀热辽军区第 15 军分区所属 11 团、青（龙）平（泉）支队组成，向赤峰方向进发；东路由冀热辽军区第 16 军分区所属 12、18 团和 1 个区队、1 个朝鲜义勇支

图 5-2 1945 年 8 月 13 日，八路军解放兴和城。图为八路军骑兵部队列队入城

队以及军分区直属侦察连、特务连，前锋剧社、教导队组成八路军挺进东北先遣纵队，向锦州、沈阳方向进发。17 日起，中路经喜峰口向热河、平泉、凌源、赤峰、朝阳进军，后向凌源、赤峰、朝阳前进，接收 8 座县城，俘伪军 5000 余人。接着进入赤峰。内蒙古东部的呼伦贝尔、兴安、哲里木、卓索图、昭乌达盟地区，随着苏蒙联军的进入而成为解放区。八路军一面发动群众，一面剿匪，很快接管辽（宁）吉（林）大片地区及内蒙古昭乌达盟、哲里木盟地区。八路军向南接管到营口、大石桥、瓦房店、安东（今丹东）一带；向北接管到铁岭、四平、郑家屯、通辽一带；向东北接管到梅河口、辉南、盘石以及通化等地。长春、哈尔滨等东北大城市，则由周保中、李兆麟、冯仲云等率领的东北抗日联军配合苏军予以接管。至此，八路军冀热辽部队挺进东北，配合苏蒙军队与抗联部队解放了整个东北和内蒙古东部地区。

1945年8月20日，中共中央军委向各军区发出指示，除个别地点仍然可占领外，一般应以相当兵力威胁大城市和要道，迫使日伪军向大城市和交通要道集中，以必要兵力着重夺取小城市和广大乡村，扩大并巩固解放区。发动群众斗争，注意组织训练军队，准备应付新局面并作持久打算。各军区根据这一新的战略方针，调整部署，以主要兵力着重于夺取小城市及广大乡村。

三、抗日战争时期内蒙古地区的损失

从1937年“七七”全国抗日战争开始，到1945年9月2日日本在投降书上签字止，中国在抗日战争中付出巨大的民族牺牲，也为世界反法西斯战争做出不可磨灭的贡献。

内蒙古有关地区8年抗战中的损失，据不完全统计，1938～1941年，在蒙疆地区设立的日资公司达73个。日军通过日资公司，垄断内蒙古西部地区的工农牧商业和交通运输等，疯狂掠夺各种物产资源。1938年，从蒙疆地区输出的各种物资总额即达10839万元。

1940～1943年，伪兴安4省共“出荷”粮食1371230吨。加上锡林郭勒盟和赤峰地区的“出荷”，内蒙古东部地区在抗日战争时期损失粮食4113690吨。

1931～1945年，伪满兴农部林业总局每年直接砍伐及许可砍伐的林木为700万立方米，掠伐木材总量应在5200万立方米以上。掠采呼伦贝尔地区砂金12.5万两。

1937～1945年，日军从锡林郭勒盟掠走马5.66万匹、牛5.23万头、绵羊26.67万只、山羊4.79万只、骆驼7.558万峰；掠走察哈尔盟的马3066匹、牛2.81万头、羊4.62万只、骆驼420峰。

1937～1945年，绥远省财产损失为24996151万元（法币，下同），军队过往供应损失为19635321万元，机关迁移损失为3608403万元，敌机袭击损失为579758万元，其他损失为3861450万元，总计为52681083万元。绥远省高等法院填报财产直接损失为4.5万元。

1931年9月至1945年8月，内蒙古地区抗日武装直接伤亡不完全计数为24319人；平民直接伤亡不完全计数是81715人，间接伤亡共计约43.7万人以上。

参 考 文 献

1. 中央档案馆、中国第二历史档案馆、吉林省社会科学院合编：《日本帝国主义侵华档案资料选编 · 九一八事变》。

2. 中央档案馆、中国第二历史档案馆、吉林省社会科学院编：《日本侵略华北罪行档案》，河北人民出版社，2005 年版。

3. 《中央日报》，民国 25 年（1936）11 月 24 日，第一版。

4. 《内蒙古革命历史文件汇集 1928—1937》，中央档案馆、内蒙古自治区档案馆编印，1988 年。

5. 内蒙古党委党史研究室，《大青山抗日斗争史》编写组：《大青山抗日斗争史》，人民出版社，2009 年版。

6. 张宇主编：《挺起民族的脊梁——内蒙古纪念抗日战争胜利六十周年图集》，中共内蒙古自治区委员会党史研究室，2005 年版。

7. 张宇主编：《铁证如山——日军侵略内蒙古罪行图文集》，中共党史出版社，2012 年版。

8. 复旦大学历史系编：《中国近代对外关系史资料选辑 1840—1949》，上海人民出版社，1977 年版。

9. 政协内蒙古自治区委员会编印：《李守信自述》，1985 年版。

10. 政协内蒙古自治区委员会编印：《德穆楚克栋鲁普自述》，1984 年版。

11. 王克俊：《回忆傅作义先生》，原载《内蒙古文史资料》第 14 辑。
12. 金海编：《日本占领时期内蒙古历史研究》，内蒙古人民出版社，2005 年版。
13. 阎继傲:《绥远抗日救国会的活动》,原载《内蒙古文史资料》第 26 辑。
14. 王德源：《日本帝国主义在赤峰地区十三年殖民统治的罪行》。
15. 吴庆麟：《日本对突泉县的“粮谷出荷”》，原载《伪满兴安史料》。
16. 中共赤峰市委党史办编印:《不可忘却的历史》，内部资料，1995 年版。
17. 钟志祥：《“漠南商埠”多伦诺尔》，内蒙古人民出版社，2008 年版。
18. 张新吾：《傅作义传》，团结出版社，2005 年版。
19. 牧人编著：《锡林郭勒盟盐务史》，内蒙古人民出版社 2006 年版。
20. 中共鄂尔多斯市委党史研究室袁志忠编著：《黄河在咆哮——抗战中的鄂尔多斯》，内蒙古人民出版社，2005 年版。
21. 《日寇残害丰镇县人民史料实录》,丰镇县志编纂委员会办公室编《丰镇史料》，内部资料，1983 年版。
22. 中共河北省委党史研究室等华北五省编：《华北抗战实录》，中共党史出版社，2005 年版。
23. 内蒙古军区《大青山武装抗日斗争史略》编纂组编：《大青山武装抗日斗争史略》，内蒙古人民出版社，1984 年版。
24. 集宁市志编纂委员会办公室孟涛主编：《集宁市志大事记》，内蒙古文化出版社，2006 年版。
25. 刘毅政:《蒙古族李海山率部武装抗日事略》，原载《内蒙古社会科学》1985 年第 6 期第 62 页。
26. 《辽北蒙边骑兵第一路成立经过及血战之概略》，原载《新蒙古》月刊第 3 卷第 1 期。
27. 李海山:《辽北蒙边骑兵第一路成立之经过及血战之概略》，原载《新蒙古》月刊第 3 卷第 1 期，1935 年版。

28. 王忠民主编：《呼和浩特历史文化撷萃》，内蒙古人民出版社，1997年版。

29. 王辅：《日军侵华战争 1931——1945》，1990 年版。

30. 苏炳文：《一九三二年海拉尔满洲里抗战始末》，原载《海拉尔文史资料》第 5 辑。

31. 艾迪之：《周荣久与奈曼“抗日救国军”》，原载《内蒙古日报》2009 年 11 月 2 日第 7 版。

32. 刘翠萍：《马占山将军驻陕北哈镇期间的抗战事迹及遗迹考》，原载《榆林学院学报》2011 年 5 月第 21 卷第 3 期。

33. 柏令：《敖汉走出的抗日先锋——贺生》，原载《敖汉旗文史资料选辑》。

34. 德力格尔主编：《哲里木史话》，远方出版社，1995 年版。

35. 冯殿玉：《东北战略要地——突泉》，原载《内蒙古史志》2010年第 2 期。

36. 第二战区民族革命战争战地总动员委员会编：《大青山抗日游击根据地是怎样创建的》，1939 年 9 月。

37. 范长江：《百灵庙战役之经过及其教训》。

38.《绥远抗战实录》，原件存中国第二历史档案馆。

39. 董其武、孙兰峰：《一九三六年绥远抗战始末》。

40. 杜海荣：《马占山将军在绥远抗战的前前后后》，原载《内蒙古文史资料》。

41. 董其武：《包头、绥西、五原抗日三战役》。

42. 参见《内蒙古百年大事回眸》第 105—106 页，中共内蒙古自治区委员会党史研究室编，内蒙古人民出版社，2008 年版。

43. 王钟辑撰：《内蒙古期刊封图志略》，内蒙古教育出版社，2013 年版。

44. 赵玉霞编著：《侵华日军在呼伦贝尔进行的细菌毒气战》，黑龙江人民出版社，2005 年版。
45. 徐占江、李茂杰主编：《日本关东军要塞》，黑龙江人民出版社 2006 年版。
46. 郝维民主编：《内蒙古革命史》，内蒙古大学出版社，1997 年版。
47. 内蒙古老区建设促进会编：《内蒙古革命老区》，内蒙古人民出版社 2000 年版。
48. 何理：《中国人民抗日战争史》，上海人民出版社，2005 年版。
49. 萨楚日勒图编著：《鄂尔多斯革命史（上）》，内蒙古人民出版社，2006 年版。
50. 中共张家口市委党史研究室，张家口市政协文史资料委员会编：《张家口革命史图片集》，1998 年版。
51. 中共山西省委党史研究室，中共内蒙古自治区委党史资料征研委办公室，晋绥革命根据地史料征编指导组办公室：《晋绥革命根据地大事记》，山西人民出版社，1989 年版。
52. 袁志忠编著：《黄河在咆哮——抗战中的鄂尔多斯》，内蒙古人民出版社，2005 年版。
53. 巴树桓编著：《侵华日军乌奴耳要塞考》，内蒙古人民出版社，2009 年版。
54. 中国第二历史档案馆编：《中国战区受降纪实》，江苏人民出版社，2005 年版。
55. 李永平主编：《卓资烽火》，2011 年版。
56. 乌云其木格主编：《迈向新世纪的内蒙古》，内蒙古人民出版社，2001 年版。
57. 杨利民主编：《内蒙古革命史画册》，内蒙古人民出版社，2001 年版。
58. 邢野主编：《内蒙古通志》，内蒙古人民出版社 2006 年版。
59. 《蒙古族简史》，内蒙古人民出版社，1985 年版。

60.《满洲矿山劳动概况调查报告》，1939 年版。
61. 满铁新京支社调查室 :《满洲工业劳动概况调查报告》，1945 年版。
62. 松森俊夫 :《后套进攻作战概要》，日本金泽蒙古警友会发行，1986 年版。
63.〔日〕陆军省 :《昭和十年满洲大事记》，国立公文书馆藏。
64. 松井忠雄 :《内蒙三国志》（日文），东京原书房，1966 年版。
65. 中岛万藏 :《蒙疆回忆录（日文）》，原载骆驼会本部编印 :《高原千里——内蒙古回忆录》，1973 年版。
66. 关宽治、岛田俊彦 :《满洲事变》，王振锁、王家骅汉译，上海译文出版社，1983 年版。
67. 满铁调查部编 :《蒙疆政府公文集〈上〉》（日文），满铁调查部刊印，1939 年版。
68.《蒙古联盟自治政府七三三甲年度行政概要（警务）》。
69.《包头间谍团事发破获——处刑》，1940 年 7 月 10 日《盛京时报》。
70. 满洲开拓史刊行会:《满洲开拓史（日文）》，东京，满洲开拓史刊行会，1980 年版。
71.《北支 · 蒙疆年鉴》，1940 年版。
72.《北支 · 蒙疆年鉴》（蒙疆篇），1942 年版。
73. 江口圭一 :《日中战争时期鸦片政策 · 资料》（日文），东京岩波书店，1985 年版。
74. 出羽时男 :《丰镇红枪匪事件》，原载《回忆中的内蒙古》。
75.《冈部直三郎大将日记》。
76. 服部雄三:《内蒙古最西端五原的“弃子”》，原载《历史与人物增刊·秘录 · 太平洋战争》，东京，中央公论社，1982 年版。